エビデンスに基づく

学校メンタルヘルスの実践

自殺・学級崩壊・いじめ・不登校の防止と解消に向けて

長尾圭造 著
三重県医師会学校メンタルヘルス分科会 編

明石書店

はしがき

　阪神・淡路大震災が起きた 1995 年 1 月、私は隣の大阪・堺にいた。西宮市にいた小児科の先生に、何かお手伝いをすることは、と連絡したら、「どこから、どうしていいか分からない。診察室は水浸しだし」とのお返事だった。いつも聡明で明確な発言をされる先生の震えた声に、これは相当きている、えらいことだと悟った。

　立派な大人が混乱するのだから、子どもは、なおのことである。子どものためには、絵を描いたり、文を書いたりといった表出「心のケア」（メンタルヘルス対応）が必要と叫ばれた。

　その翌年、堺市では病原性大腸菌 O-157 による学校給食における集団食中毒が発生した。106 人が溶血性尿毒症症候群（HUS）に陥り入院し、子ども 3 人が亡くなった。堺での私は、暑い夏、家から出られない子どもの様子を現地でみた。学校が始まっても感染恐怖で給食を食べられない子どもを前に、地元の保護者、教員、子どものメンタルヘルス専門家とともに、子どもの元気な学校生活を取り戻す勉強会を開いた。平時を取り戻すために。

　その勉強会は 10 年以上続けていたが、三重に来ても機会ができた。三重県医師会の「学校メンタルヘルス活動」である。

　自殺、いじめ、学級崩壊、登校不能状態などは平時に起きている。いつでも、どこでも、子どもを支え続けなければならない。これが本書の狙いである。

　誰でも、どこでも取り組める、後で検証可能なサポートのしくみを作ることが目標である。子どもを支え続けるには、この学校メンタルヘルス活動だけでは不十分かもしれないが、学校の先生方との共同作業で取り組んだ。2004（平成 16）年からの取り組みである。それを紹介する。

　この活動を実現するには、学校教員と、校医やスクールカウンセラーとの共同作業が必須であると思う。その意味では、児童・生徒の心が判るスクールカウンセラーと小児科医、児童精神科医が、活動の中心となるしかない。そういう時代の魁となることを期待して、まとめた。

本書の利用法：担任教員が自分のクラスで取り組む場合（専門家に相談できない場合）は、この活動用の「アンケート入力パッケージ」のファイルを差し上げますので筆者（長尾こころのクリニック：Fax　059-213-3722）までご連絡ください。要領をお伝え致します。

　（なお、本書は主に中学生を対象として書いています。保育園・小学校・高等学校版もあります。関心があれば、ご連絡ください）

目次

はしがき　3

第 I 部　「学校メンタルヘルス」パッケージ化のためのマニュアル　7

第 1 章　三重県医師会・学校メンタルヘルス活動のコンセプト　8

第 2 章　実際の流れと進め方　11

第 3 章　学校が準備しなければならない作業　15

第 4 章　3 種類のアンケート検査とその読み方　22

1. QU（Questionnaire-Utilities）　22
2. クーパースミス自尊感情検査（Coopersmith セルフエスティーム）　33
   付録 1：小学校 5 年生以上版　クーパースミスの自尊感情のアンケート　43
3. 健康症状検査：項目とその読み方　46
   資料 1：健康症状検査用紙とその結果　中学生用（平成 25 年度）　50
   資料 2：健康症状検査用紙とその結果　中学生用（平成 26 年度）　51

第 II 部　現場での実践活動　53

第 5 章　学校・担任・学年部教員が取り組む実践——実際の学校での取り組み／クラス検討・症例検討会の進め方・流れ　54

第 6 章　学校メンタルヘルス活動の果たす問題予防効果　64

その 1．個人の生徒への効果　64

1. いじめ・嫌がらせ防止例の 1 例　64
2. 気分変調症からうつ病エピソードの予防例　67
3. 登校不能状態の解消例　中学 1 年、男子　69

さいごに　70

その 2．クラス・学校としての取り組みによる効果　73

1. この取り組みで見られるうつ病への予防効果　73
2. 学校メンタルヘルス活動の登校不能状態への予防改善効果　75
3. 学年崩壊（2 クラスでの学級崩壊）防止対応　78

その3. 特に、自殺予防効果について　　85

　　　1. 希死念慮・自殺企図生徒の自殺防止対応例——こまめな対応が生徒を変える　　87

　　　2. 希死念慮・自傷行為のリスク要因　　88

　　　3. この取り組みで見られる希死念慮・自殺企図の系統的対応による予防効果　　89

第7章　学校でのハイリスク例と医療機関受診例(臨床例)は同じか、異なるか　　92

はじめに　　92

症例1：学校では学力優秀だが、QUで要支援群となった例（中学1年　男子）　　92

症例2：学校ではクラスの中での人間関係の問題と思われた例（中学2年　女子）　　95

症例3：学校では気分の動揺が目立つことなく、身体疾患と思われていた例（中学1年　女子）　　98

第8章　活動の有効性——そもそもこの活動は何をしていることになるのか　　101

1. 経験的有効性　　101

2. 記述統計結果（エビデンスのある結果）　　103

3. 取り組み成果の評価　　107

第Ⅲ部　学校メンタルヘルス活動の波及効果　　111

第9章　この活動の教員に対する影響　　112

1.「学校におけるメンタルヘルスのかさ上げ活動」に対する教員の意識調査　　112

2. 学校メンタルヘルス活動が教員の精神障害理解に及ぼす影響　　115

第Ⅳ部　学校メンタルヘルスの今日的課題と背景問題　　119

第10章　今、なぜ、学校メンタルヘルスが切迫した課題なのか　　120

1. 日本の児童・生徒の現実　　120

2. 学校現場での生徒の現実　　121

3. 気になる生徒への望ましい介入方法　　128

第11章　背景問題の考察——なぜ学校メンタルヘルス活動が馴染みにくいか　　134

1. 学校メンタルヘルスの理解困難要因について　　134

2. 実際の取り組みのメリットとリミテーション　　137

第Ⅰ部
「学校メンタルヘルス」パッケージ化のためのマニュアル

　発想の転換。これが一番に求められた。三重県に来てまだ2年目の私に医師会に来るように電話があり、行けばここに座るようにと言われた。その席には「三重県医師会　学校メンタルヘルス分科会　会長」と書かれてあった。まさに青天の霹靂である。

　委員は、今まで困難事例の理解、不登校生徒の理解、有名先生の講演会、いろいろしてきたが、効果が見えない。これでいいのか。何か、発想を変えないと同じことの繰り返しになる。

　何とかならないものか。その場には子どものメンタルヘルス専門家は、居られなかった。

　みんなで、何とか、考えましょう。これがきっかけだった。

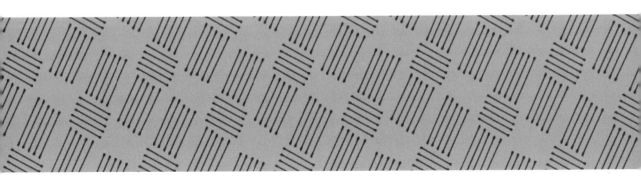

第1章

三重県医師会・学校メンタルヘルス活動のコンセプト

　三重県医師会・学校メンタルヘルス分科会の学校メンタルヘルス活動のコンセプトは以下の通りである。

（1）対　象

　「健康教育」の一環として、児童・生徒全員を対象とした教育としての学校メンタルヘルスと位置付ける。問題行動や不登校などで困っている生徒だけを対象とする取り組みはしない。

　今後の児童・生徒への対応を考えた場合、その場しのぎの対応や姑息な手段や方法では限界が見えている。そのため、本事業ではクラスのすべての児童・生徒を対象とし、今後の学校メンタルヘルスの対応モデルとなるような根本的な視点からの取り組みとする。

（2）初動態勢

　何より、緊急かつ重要な課題は、「学校現場におけるキーパーソンである教諭や養護教諭、管理職等教職員の、基本的なメンタルヘルスに対する認識の底上げ」である。このため、個々の学校側との共同作業とする。

（3）オンデマンド対応

　学校に進め方などを一方的に押し付けるのではなく、学校と協力体制をとり、学校側のニーズに応じた実施方法とする。ただし、困難事例だけの対応とはしない。

　ここでは、学校内のメンタルヘルスに関する社会資源の見直しをし、対応の役割分担を検討するシステムの検討を行う。例えば、主担当は、担任か、養護教員か、スクールカウンセラー（以下 SC）か、管理職か、外部への紹介や連携かを考える。対応場所は、教室内か、支援教室か、部活動の行われる場所か、保健室か、相談室か、図書室かなど。

（4）事例検討の視点

学校とメンタルヘルス専門家との事例検討の質については、次のように考える。

事例検討の目的は、①発生した問題の背景理解のためではあるが、それだけではなく、②その問題の解決を志向するとともに、対応する人たちにとってのメンタルヘルスにとっても役立つこと、③どの事例も本人やそのクラスや家族の個別事例とは考えず、どこにでも起こりうる一般的な問題と捉え、メンタルヘルス専門家の視点を取り入れ、**解決方法のモデル**を見つけるために行う。またその解決方法の**成果の検証**を行う。

（5）継続性

学校側としては、年間を通じてのクラス（ないしは学校）の組織的、系統的取り組みを推進する。このため、成果を得るためには対象校は2年間以上の事業継続が望ましい。

（6）実施プログラムのパッケージ化（フォーマットの作成）

どこの学校でも同じプログラムで実施できるようにする。そのため、実施方法のプログラムに関しては、パッケージ化し、一定のフォーマットを用いる。これには、クラス（ないし学校）全体の生徒の年間を通しての**メンタルヘルス状態の把握をし**（3種のアンケートの実施）、担任との事例検討会をはじめ、専門的な福祉・医療機関への紹介のための情報提供、学校独自の取り組みがある場合はそれも、組み入れることを考慮する。

（7）見本となるモデルを作る

モデル校は、規模や環境がともに平均的な小学校・中学校・高等学校、1～2校とし、今後の三重県におけるメンタルヘルス指針の代表的取り組みとなるようにする。

こうしたコンセプトに至った理論的背景としては、以下の3点がある。

①児童・生徒はだれしも学校生活を苦痛なく楽しく過ごし、学習に集中できる環境を与えられる権利がある。児童・生徒にその**権利保障をすべき**であるが、もしそうでないならその**原因を明らかにし、対応策を立てる必要がある**。したがって児童・生徒全員を対象とすべきである。

②児童・生徒理解には、何より児童・生徒の内面を考慮すべきである。そのための方法としては、これまでの「教員」の勘と経験に頼るだけではなく、児童・生徒の内面からの思いを記した客観的な資料を用いて判断する**エビデンスベース**の考えで行うべきである。した

第1章　三重県医師会・学校メンタルヘルス活動のコンセプト　9

がってアンケートの実施が必要。

　③児童・生徒理解の仕方・方法は、児童・生徒の外見上の言動から判断するのではなく、児童・生徒の**精神状態・内面理解**を通して判断するべきである。したがって児童・生徒をよく知る担任・関係教員と、メンタルヘルス専門家の共同作業が必要となる。

第2章

実際の流れと進め方

　三重県医師会のコンセプトに基づいて学校メンタルヘルス活動を実施する際、学校に対して次のような説明を行っている。

　①対象は学校での教育活動であるので、**生徒全員を対象**としたメンタルヘルスの向上を目的としている。

　②その目的は個々の生徒が学校生活を苦痛なく楽しく過ごし学習に集中できることであり、児童・生徒の好ましい学習環境の**権利保障**である。しかし、もしそうでない状態ならその原因を知り、**解決への対応策を立てる**ことである。

　③そのためには客観的な資料を用いて原因と対応策を判断するエビデンスベースド・メディシンの考えで行う。これまでの教員の勘と経験だけに頼らない。

　④その原因解明の方法は、生徒の状態判断を言動による外見上の判断ではなく、生徒の**内面理解**を通して判断する。

　⑤その判断方法のエビデンスとして、生徒自身への**アンケート調査**を行い、生徒の直接の思いを反映させる。

　⑥そのアンケート結果の判断については、担任や関係教員などと子どものメンタルヘルス専門家との**事例検討**を通して行う。

　⑦実際の問題点が判明すれば、その対応にあたっては学校で取り組むことができる問題か、そうでないかの判断を下す。

　⑧学校が取り組むことができる場合には、その対応策を立て、当該**生徒（時にはクラスメイト・家族など）に働きかけ**、問題解決を図ること。

　⑨その対応結果に関しては、年度内に２回目の同様な作業を行い、**成果**について**検証**する機会をもつ。

　⑩これらの目的に対処するために、アンケート入力や、担任が本人のみならずクラス仲間や家族から得た情報の資料収集に関しては、一定のフォーマットを用いる。一連の全作業は

11

系統的なパッケージとして定式化する。

　これらの活動が、結果として不登校（登校不能状態）の防止、いじめ・嫌がらせの防止、校内暴力や学級崩壊の防止、自殺予防になったとしても、それは学校メンタルヘルス活動の一連の作業の結果である。特にこのうちのなにか一つを目的とするのではない。全活動の中のそのときにそのクラスで、その生徒に問題になっていたことを解決するだけのことである。

実際の作業の進め方・手順
　対象は生徒全員と広範囲にわたるため、事例検討会までに生徒全員に３種のアンケートを実施しておく。その３種類は、

① QU テスト（子どもが楽しい学校生活を送るためのアンケート式心理検査：クラスでの居心地に関して、認められているか、嫌な思いはしていないか。学習に安全な環境が提供されているか、友達・先生との関係・クラスの雰囲気・関係などはよいか、に関しての中学生版を用いる。質問項目は、クラスの居心地に関して 20 項目、学校生活意欲に関して５領域 20 項目の合計 40 項目）。
②クーパースミス自尊感情検査（Coopersmith セルフエスティーム）の調査（自分自身の自己満足度などの自己肯定感の領域で、どの程度の状態にあるかがプロファイル上明らかになる。質問項目は 51 項目）。
③健康症状チェック（今困っている健康を損なうような症状や問題を聞く質問項目 55 項目がある）である（３種類のアンケートの詳細は後述）。

　実施時期は１回目は５月の中旬ころ、２回目は２学期の行事（クラス対抗など）が終了した２週間後がよい。新学期の過剰なクラスへの期待が薄らいだころと、クラスでの盛り上がりが沈静したころが本来の人間関係を考えられる時期になるからである。
　実施は１時限内で終了する（結果については、生徒には担任以外には知らせないと伝えている）。実施後は、速やかにアンケートの集計を行う。

　次いで、これらのアンケート集計が終わると、メンタルヘルス専門家（著者）が学校に出向き、クラス担任と事例検討会をもつ。その際、養護教員や校長・その他の学校関係者の同席が望まれる。
　事例検討会の進め方は、
①まず担任が、クラスの特徴を述べる。担任は新学年が始まると、生徒の様子や、生徒からの色々な情報が入る。それを見ているとクラス全体の特徴が判る。

②クラス全体の特徴が判ると、担任はこのクラスを、1年間かけて、どのようなクラスになればいいかを考える。そして、生徒に語りかけ、指導の下、クラス目標を立てさせる。これを、話してもらう。

③次いで、アンケート結果の検討に入る。まず、クラス全体の特徴を検討する。集計値やグラフを数字的にみて、どのようなクラスであるといえるかを、メンタルヘルス専門家（著者）が担任に伝える。そして、担任と、意見の離齬がないかどうかを検討する。このようにしてクラスに潜む問題点を推測する。この作業がとても大事で、時に、一番時間がかかる。

大体のクラスの様子・印象が、クラス全体のアンケート結果と変わりないとなると、次は、生徒を3分する。第1は、担任にとって気になる生徒とアンケート数値上リスク状態にあると思われる生徒の検討を行う。個人に潜む問題点の検討である。この作業が一番大事であることは言うまでもない。担任が気になる生徒の問題点は、一覧表にしてある（後述）。一人の生徒に、この中から複数の問題点が上がることもある。そうなることの方が多い。

次に、クラスで健康度の高い生徒を見つけ出す作業を行う。それはクラス目標を達成するための協力者を見つけるためである。健康度の高い生徒は、積極的で、協調性が高く、クラスのために協力してくれることが期待できる。大体2〜3人は見つかる。しかし、稀に、見つからないクラスもある。そうなると担任が生徒にかわってクラスリーダーの役割もしていかないといけない。

次に、残りの生徒であるが、仲間関係などでは重要なのだが、とりあえず保留としておく。先生としては気になる生徒ではないが、他の聞き取り中にあらたな生徒が気になりだすこともある。たとえば、友達関係から、住宅近隣関係から、地域関係から。

④検討会であるが、担任が、気になる生徒について、日ごろの生徒情報から把握している点を述べる（担任記入用チェックポイントを作成してあるので、それを基本情報として用いる）。次に、参加者全員でその生徒のアンケート数値を見て、気になっていることの背景・理由・メカニズムを検討する（メンタルヘルス専門家が判断した理由を説明する）。それで担任が納得できれば次に進む。できるまで情報交換をする。

⑤その結果からどうすべきかの対応策を立てる。まず学校内の社会資源を見て、誰がその役割を担うことが一番適切かを検討する。そして、役割分担を決める（例えば、担任、クラブ顧問、養護教員、スクールカウンセラー（SC）、スクールソーシャルワーカーなどの誰が、どの役割をするかなど）。さらに、その対応には専門家のアドバイスがいるか、本当に学校教育の問題か、抱えすぎていないかといった対応に関する別角度からのオリエンテーションを行う。

実際には、担任一人では対応は難しく、隣のクラス担任、養護教諭などの後方支援が必要となることの方が多い。したがってこの取り組みには、学校全体の理解と協力体制がないと、成果に限りが生じてしまう。

⑥その検討結果に基づき、例えば、担任が最初にかかわるべきであるという結論になれば、担任が、その後の対応を担う。そして、気になる生徒に対して、その後クラスで、ないしは個人的にどのように対応すべきかを考え、実行する。このプログラムの実践においては、担任の個人的な直観を大事にはするが、すでに知られている技術・方法・要領などを伝え、参考にしてもらう（実際の対応策・技法は後で個別に詳述）。

⑦そのプログラムを、約4～6カ月間実行しつつ観察する。上記④から⑦までは、順次、気になる生徒を取り上げて、この観察を繰り返す。ここで上がる生徒は、大体クラスの4分の1前後の生徒数になる。

　このように進めていくと、最初に計画して立てたクラスの1年間の目標達成が、個々の生徒の様子からして、実現不能ではないかと思われるときもある。そうなれば、クラス目標そのものを、見直すこともある。

⑧次いで、第1回目同様、2学期の終わりころ（11月から12月初旬）に、第2回目のアンケートを全員に実施する。

⑨その結果を、再度、担任とメンタルヘルス専門家（著者）で検討会を開く（学校としての対応を考えるので関係者全員の参加が望ましい）。時期は2学期の終わりころになる。担任の対応結果と、アンケート結果を突き合わせて、その対応の有効性を検証する。

⑩ある生徒の問題点が解決していれば、それはよかったということになる。しかし、もし解決できていないならば、なぜできなかったのかの検討を行う。うまくいかなかったときには、その理由を考える。そして、次なる別の対応策を立てる。

⑪このようにして、再度、児童・生徒へのその学年としての対応を考え、残りの学年生活をどのようにすべきかを検討し、対応策を立てる。通常、1クラス1回の検討会に要する時間は約60分～120分となる。

第3章

学校が準備しなければならない作業

　最初に検討会資料の準備として、先の第2章で述べた3種のアンケート（QUテスト、クーパースミス自尊感情検査、健康症状チェック）を生徒全員に実施する。

　次いで、その結果を以下の入力フォーマットに入力する。

1　入力の仕方・保護設定の仕方（1枚分）

2　入力シート1回目（5枚分）

3　入力シート2回目（5枚分）

4　検討会用資料1回目（5枚分）

5　検討会用資料2回目（5枚分）

6　QU集計　男女別1回目（2枚分）

7　QU集計　男女別2回目（2枚分）

8　QUグラフ1回目（1枚分）

9　QUグラフ2回目（1枚分）

10　自尊感情1回目（クーパースミス自尊感情検査（自己肯定感）の調査）（1枚分）

11　自尊感情2回目（クーパースミス自尊感情検査（自己肯定感）の調査）（1枚分）

12　健康症状チェック集計1回目（健康症状チェック表集計1回目）（3枚分）

13　健康症状チェック集計2回目（健康症状チェック表集計1回目）（3枚分）

14　QU1回目、2回目、比較グラフ（4枚分）

上記フォーマットの説明

1の「入力の仕方・保護設定の仕方」には、以下のように記されている。

1回目の調査時──入力シート1回目のシート（赤いラベル）に入力する

1）学年・クラス名を入力する。

2）出席番号順に生徒の名前・性別・年齢を入力する。

3) 各生徒のQUテストの回答を入力する（黄色の列）。実施した生徒の「実施」欄に「○」を入力する。

4) 各生徒のクーパースミス　セルフエスティーム（自己肯定感）の調査の回答を入力する（緑の列）。実施した生徒の「実施」欄に「○」を入力する。

5) 各生徒の健康症状チェック表の回答を入力する（青の列）。実施した生徒の「実施」欄に「○」を入力する。

6) 各生徒の気になること・問題点などを入力する（赤の列）。

7) 必要があれば、検討会用資料1回目のシートの「これまでのかかわり」や「総合結果」の欄に入力する。

2回目の調査時——入力シート2回目のシート（青いラベル）に入力する

1) 2回目から転入した生徒の名前・性別・年齢を、「2回目から転入」の行に入力する。

2) 各生徒のQUテストの回答を入力する（黄色の列）。実施した生徒の「実施」欄に「○」を入力する。

3) 各生徒のクーパースミス　セルフエスティーム（自己肯定感）の調査の回答を入力する（緑の列）。実施した生徒の「実施」欄に「○」を入力する。

4) 各生徒の健康症状チェック表の回答を入力する（青の列）。実施した生徒の「実施」欄に「○」を入力する。

5) 各生徒の気になること・問題点などを入力する（赤の列）。

6) 必要があれば、検討会用資料2回目のシートの「これまでのかかわり」や「総合結果」の欄に入力する。

保護設定の仕方
このシートのパスワードは全て［nagao］

保護したくないところを選択し、セルの書式設定で保護タブをクリックしロックのチェックを外す。

・［ツール］の［保護］をクリックし、［シートの保護］を行う。

・［ロックされていないシートの選択］のみチェックを入れる。

評価判定の結果（後述A）とは、

このアンケート結果の判断は、パッケージ化をするために**ハイリスク基準**を設けている。ここでの基準を以下に示す。この結果が自動的に表示される。

QU検査では、「クラスでの居心地」に関しては、

1）要支援群

2）要支援群と同数値以下の非承認群

3）要支援群と同数値以下の侵害行為認知群

である。

「学校生活意欲」については、5軸とその合計点の6次元から評価する。

自尊感情検査では、

1）合計得点で100点以下

2）プロファイル上、家族関係5項目に1つもポジティブ項目がない

3）遂行能力（自己主張）5項目に1つもポジティブ項目がない

4）混乱〔しやすさ〕の6項目に1つもポジティブ項目がない

5）自己拒否・後悔の7項目に1つもポジティブ項目がない

6）自信の7項目に1つもポジティブ項目がない

7）合計得点が高すぎる（160点を超している）

である。

健康症状チェックでは、

1）希死念慮3項目と自傷行為の1項目にありとした生徒

2）チェック項目の合計得点が20点以上ある

3）カウンセリングを受けたいとチェックした生徒

4）自分より、ほかの誰かを何とかしてほしいに、「あり」とした生徒

である。

このために、その結果が表示される。

＊これらのハイリスク基準とは別に、実際の症例検討会においては以下の基準に従い、事例検討で取り上げる。

アンケート結果によるハイリスク群

（1）QU検査

　1）QUテストの承認得点：中学生26点以下。（小学生の場合は基準が違うので、別途自動的にチェックされるようになっている）

　2）QUテストの被侵害得点

第3章　学校が準備しなければならない作業　　17

中学生 29 点以上。（同上のこと）

3）QU テストの学校生活意欲

中学校用・合計点で全国平均 65 点以下。また、各軸については、全国平均を 2 点以上下回る、すなわち中学校で友人関係 13 点以下、学習意欲 11 点以下、教員との関係 10 点以下、学級との関係 11 点以下、進路 10 点以下。（同上のこと）

(2) 自尊感情

合計点で、109 点以下。あるいは、クラスで最低得点。

注：ハイリスクとしては表示されないが、下位項目でクラスで一番低い得点の生徒は事例検討では検討する。

(3) 健康症状チェック（小学 5 年以上）

合計得点で、20 点以上（1 項目につき○印のチェックを 1 点、◎印のチェックを 2 点として数える）。あるいは、睡眠、考え方、気持ち・意欲、行動、身体症状の各項目でクラスで最高得点。

アンケート結果による健康度の高い群の基準

以下の全項目を満たす生徒を健康度の高い生徒とする。

(1) QU テスト

1）QU テストの承認得点・被侵害得点

満足群に入っている。すなわち中学生で承認得点 34 点以上、被侵害得点 22 点以下。小学生　高学年で承認得点 19 点以上、被侵害得点 11 点以下。小学生　低学年で承認得点 18 点以上、被侵害得点 12 点以下。

2）QU テストの学校生活意欲

a. 中学校用：各項目で、全国平均の幅を下回らない、すなわち合計点 66 点以上、友人関係 15 点以上、学習意欲 13 点以上、教員との関係 12 点以上、学級との関係 13 点以上、進路 12 点以上。

（参考：小学校では別途、規準を設けている。小学生　低学年で友人関係 10 点以上、学習意欲 10 点以上、学級との関係 11 点以上、合計点 31 点以上である（6 項目）。高学年で友人関係 10 点以上、学習意欲 10 点以上、学級との関係 10 点以上、合計点 30 点以上である（6 項目）。小学生：全国平均―標準偏差相当を下回らない、すなわち　合計点で 26 点以上、友人関係 8 点以上、学習意欲 8 点以上、学級との関係 9 点以上）

b. 自尊感情：合計点で 150 点以上

c. 健康症状チェック（小学 5 年以上）：合計点で 10 点以下。

入力の仕方について

②の「入力シート 1 回目」には、学年、クラス、出席番号、氏名、性別、年齢と、QU 検査のすべての項目（QU「居心地のよいクラスにするためのアンケート」20 項目と、QU「やる気のあるクラスを作るためのアンケート」20 項目）の粗点入力と、クーパースミス　セルフエスティーム（自己肯定感）の調査（51 項目）の粗点と、健康症状チェック表（55 項目）の粗点入力と、別紙・一覧表から数字を入力（担任が気になる生徒の問題行動・気になることの一覧表：後述）を入力する。

入力シート 1 回目にはすべての項目を記入しなければならないが、その他のフォーマットには、自動的に出席番号、名前が表示される。

③の「入力シート 2 回目」には、1 回目の項目以外に、最後に対応結果を入力するようになっている。

④の「検討会用資料」には、担任記入用のチェックポイントの一覧表（気になる生徒の問題行動等の一覧表）、QU のクラスの居心地と QU の学校生活意欲の合計点、クーパースミスの自尊感情の合計点、健康症状チェックの各見出しごとの小計点と全合計点と、これまでの関わりと、その対応結果（評価判定の結果）が自動的に表示される。

注：このフォーマット作成は、高橋秀俊先生（国立精神・神経医療研究センター　精神保健研究所児童・青年期精神保健研究室 室長）の協力によるもので、深謝いたします。

担任記入用のチェックポイントの一覧

（担任が気になる生徒の問題行動・気になることの一覧表）

下記の見出しを参考に、入力シート1回目、入力シート2回目のフォーマット・に個々の生徒に記号と番号を付けて下さい。重複可（むしろ重複が多いと思われます）。

A：不適応行動【生徒指導関係】

1. 喧嘩や暴力行為

2. いたずら

3. 盗み、万引き

4. 器物破損

5. 授業放棄、怠学傾向

6. 他の生徒へのいじめ、いやがらせ

7. 自己中心的な言動など極端な友達関係

8. 不登校

9. その他

B：学業不振

1. 知的障害ないしは知力低下による学力低下がある

2. その他の理由による学力低下（例：病欠、その他）

C：家庭問題

1. 家族の人間関係の希薄さ、両親養育の不十分さ、ネグレクト

2. 家族内の不調和な人間関係（実父母・義父母・その他)、DV 等

3. 親の精神疾患、精神障害

4. その他（施設養育、その他）

D：心配な個人性格特性

1. 不安が強い、自信がない

2. 優柔不断、自己決定ができない

3. 即断即決、白黒はっきり過ぎる

4. 自己中心的、自己愛的

5. 乏しい行動力、実行力

6. クラスでの強い孤立感がある

7. 妄想、虚言が見られる

8. その他

E：精神的問題

1. うつ状態（以前より、覇気がない・元気がない・否定的・行動回避的）

2. 行動上のコントロール困難（ADHD の多動・衝動性・注意集中困難）

3. コミュニケーションが基本の不適応問題（自閉性障害・アスペルガー障害など）

4. 解離・過呼吸・パニック障害など、不安が基礎の精神障害状態

5. その他の精神状態による問題（緘黙、チック、強迫・こだわり）

6. その他

F：外国語をルーツとする生徒

1. 日本語は、日常会話程度の段階まで。

2. 日本語は、日常会話は可能。しかし、授業の理解は無理。

3. 日本語での授業は問題ない。

関わり方（担任、養護教員、専門家、その他）

G：教員が関与。様子を見るだけの経過観察。

H：教員が関与。個人的なかかわりをする。

I：教員が関与。友達の協力を軸に指導する。

J：教員が関与。クラスの班つくりなどを利用した対応。

K：教員が関与。クラス全体へのアプローチをする。

L：教員が関与。健康度の高い生徒の協力を工夫して、対応する。

M：保健室対応。養護教員が中心になっている対応。

N：専門家の対応：SC 対応。

O：専門家の対応：学校医、その他の専門家が関与。

P：その他のスタッフが関与。

関わった結果：（秋の2回目の検討用です）

Q：有効：

R：やや有効：

S：変化なし：

T：悪化・増悪：

U：クラス全体に効果あり：

V：そのほか・備考など：

W：引き継ぎなど。

```
第4章
```

3種類のアンケート検査とその読み方

1. QU（Questionnaire-Utilities）

目　的

　学校生活では学習環境が大事である。QU検査は二つの検査からできている。一つは、クラスの様子を知ることができる「居心地のよいクラスにするためのアンケート」であり、今一つは学校生活意欲を知ることのできる「やる気のあるクラスをつくるためのアンケート」から成り立っている。

検査の構造

　小学校用、中学校用、高等学校用がある。小学校用は、一つは居心地のよいクラスにするためのアンケートで、承認（6項目）、被侵害（6項目）からなる。今一つは、やる気のあるクラスをつくるためのアンケートで、友達関係（3項目）、学習意欲（3項目）、学級の雰囲気（3項目）があり、学校生活意欲としている。

　小学生用のQU検査では、「居心地のよいクラスにするためのアンケート」結果は、この得点を2次元（縦と横）軸で表し、学校生活満足群（第1象限）、侵害行為認知群（第2象限）、学校生活不満足群（含・要支援群）（第3象限）、非承認群（第4象限）の4群に分ける。

　「やる気のあるクラスをつくるためのアンケート」は、三つの側面（友達関係、学習意欲、学級の雰囲気）を三角形で示し、得点はその大きさで示す。

　中学校、高等学校用のQU検査では、「居心地のよいクラスにするためのアンケート」は、承認（10項目）、被侵害（10項目）からなる。小学生用と同様に、得点を2次元（縦と横）軸で表し、学校生活満足群（第1象限）、侵害行為認知群（第2象限）、学校生活不満足群（含・要支援群）（第3象限）、非承認群（第4象限）の4群に分ける。

　「やる気のあるクラスをつくるためのアンケート」は、友達との関係（4項目）、学習意欲（4項目）、教員との関係（4項目）、学級との関係（4項目）、進路意識（4項目）の5領域20項

目からなる。

QU検査　中学生用　アンケート質問項目は以下の通りである。

「いごこちのいいクラスにするためのアンケート」(20項目)	
承認得点の 10 項目	(50 点満点)
1. 勉強や運動、特技やひょうきんさなどで友人から認められていると思う。	
2. クラスの中で存在感があると思う。	
3. 自分を頼りにしてくれる友人がいる。	
4. 学校やクラスでみんなから注目されるような経験をしたことがある。	
5. 自分の考えがクラスや部全員の意見になることがある。	
6. クラスで行う活動には積極的に取り組んでいる。	
7. 学校内で私を認めてくれる先生がいると思う。	
8. 仲のよいグループの中では中心的なメンバーである。	
9. 自分が何かをしようと思ったとき、協力してくれるような友人がいる。	
10. 学校内に自分の本音や悩みを話せる友人がいる。	
被侵害得点の 10 項目	(50 点満点)
1. クラスの人から無視されるようなことがある。	
2. クラスや部活でからかわれたり、ばかにされたりするようなことがある。	
3. 授業中に発言をしたり先生の質問に答えたりするとき、冷やかされることがある。	
4. クラスメートから耐えられないような悪ふざけをされることがある。	
5. クラスで班を作るときなど、なかなか班に入れず、残ってしまうことがある。	
6. クラスの中で浮いていると感じることがある。	
7. 休み時間などに、ひとりでいることが多い。	
8. クラスにいるときや部活をしているとき、周りの目が気になって不安や緊張を覚えることがある。	
9. 学校に行きたくないときがある。	
10. 私はクラスの友人関係についてあまり知らない。	

第 4 章　3 種類のアンケート検査とその読み方

「やる気のあるクラスをつくるためのアンケート」(20 項目)	
友人との関係	(20 点満点)
1. 学級内には、いろいろな活動やおしゃべりにさそってくれる友人がいる。	
2. 学校内には気軽に話せる友人がいる。	
3. 人と仲よくしたり、友人関係をよくしたりする方法を知っている。	
4. 友人との付き合いは、自分の成長にとって大切だと思う。	
学習意欲	(20 点満点)
1. 学校の勉強には自分から進んで取り組んでいる。	
2. 学校の勉強の中で、得意な教科や好きな教科がある。	
3. 授業の内容は理解できる。	
4. 学習内容をより深く理解するための、自分なりの学習の仕方がある。	
教員との関係	(20 点満点)
1. 学校内に自分の悩みを相談できる先生がいる。	
2. 学校内には気軽によく話ができる先生がいる。	
3. 担任の先生とはうまくいっていると思う。	
4. 先生の前でも自分らしくふるまっている。	
学級との関係	(20 点満点)
1. 自分のクラスは仲のよいクラスだと思う。	
2. クラスの中にいると、ほっとしたり、明るい気分になったりする。	
3. クラスの行事に参加したり、活動したりするのは楽しい。	
4. 自分もクラスの活動に貢献していると思う。	

進路意識	
1. なりたい職業や興味を持っている職業がある。	
2. 自分の将来に夢や希望を持っている。	
3. 自分の進みたい職業の分野については自分から調べている。	
4. 進路について仲のよい友人などと話し合うことがある。	

> **チェックの仕方と得点**
>
> いずれも 1．2．3．4．5．のいずれかを選ぶようになっている。数字の意味は、
>
> 　5：とてもそう思う。とてもある。とても当てはまる。たくさんいる。
>
> 　4：少しそう思う。時々ある。少し当てはまる。少しいる。
>
> 　3：どちらともいえない。ふつうである。
>
> 　2：あまりそう思わない。あまりない。あまりあてはまらない。あまりない。
>
> 　1：全くそう思わない。全くない。全くあてはまらない。全くいない。
>
> である。

　パッケージ化では、入力結果は、p.15 の　⑥ QU 集計男女別 1 回目、　⑦ QU 集計男女別 2 回目、⑧ QU グラフ 1 回目、⑨ QU グラフ 2 回目として示される。

検査結果の意味（理解と解釈）

（1）クラス全体の「クラスの居心地」評価

「居心地のよいクラスにするためのアンケート」では、クラス全体の特性・様子が判る。実施・解釈ハンドブックによると、主に学級生活満足群・優位型、侵害行為認知群・優位型、学級生活不満足群・優位型、非承認群・優位型に分けられる。

　学級生活満足群・優位型は、学級の半数以上の生徒が学級生活に満足し、不満を感じている生徒も少なく、望ましい状態である。

　侵害行為認知群・優位型は、生徒たちの活動意欲は高いが、生徒間の友達関係が希薄で、トラブルが多くなっていると考えられる。基本的な学級のルールが確立していないことが考えられる。

　学級生活不満足群・優位型は、欲求不満傾向の生徒が多く、そのため陰湿ないじめなどが発生しやすい状態である。学級生活の基本ルールなどが生徒から無視され始め、学級集団は烏合の衆のような様相を呈してくると考えられる。日々の授業の成立も難しくなって生徒間にはぎすぎすした面が増え、トラブルや小グループ間の対立などが絶えなくなる（河村ら、2006）。

　さらに、従来の経験から河村らは、結果分布のタイプから基本的な 6 型を示している。満足型、縦型、横型、斜め型、不満足型、拡散型があるとし、これらのパターンにより、基本的な対応の仕方が判り、クラス運営の今後の指針の参考になる。これまで実施した 20,000 人以上の結果があるので、現在のクラスの状態把握の参考になる。ちなみに 1,000 クラス以上の経験では、全員が満足群に入るのは小学校で 4％、中学校で 2％とされている（河村ら、

2004)。例えば、まとまりのあるクラスは学校生活満足群が非常に多い。学級崩壊を起こしているようなクラスは学校生活満足群が少なく、そのほかの3群（被侵害群、非承認群、不満足群）が多いL字型を示す。この結果と、担任の印象や各教科担当教員の印象から、その原因を探し、対応策を検討する。

(2) 生徒個人の「クラスの居心地」評価

　クラスの特性以外に、生徒の個人特性や個人の精神病理の反映である場合もある。したがって、その原因により取るべき対応策も異なる。なお基本的には、満足群以外、原点より遠くに位置するほどリスクは高い。満足群以外について考察する。

1) QU侵害認知群にいる場合の理由とその対応策

　①特別なクラス事情がないにもかかわらず、突然、意地悪をされるなどの項目にチェックし侵害認知群になった場合には、友達からの見捨てられ感がある。思わぬ相手児童・生徒の転校など。それを受け止める能力（レジリエンス）が必要だがそれができないときである。

　この場合の対応策：別離が喪失体験となっているので、それに準じた対応策が必要となる。

　②被害意識を持ちやすい生徒の場合は、特段の出来事がクラス内で起きていなくとも、被侵害得点が高くなるので、侵害認知群に位置することがある。クラスの問題というよりは個人の問題の反映である。

　この場合の対応策：担任からの声掛けをはじめ、この生徒の対人関係での認知の仕方を聞き出すと、生徒の考えがよくわかる。その程度により、担任の対応で十分なこともあるし、困難であれば保健室対応やSC対応とすることが適切な指導となる。

　③アンケート実施直前の友達や先生との関係が反映されていることもある。友達との仲違いがあった後、失敗をクラスでからかわれた後、先生に叱られた後など、その生徒が、このような位置にいないと思われる位置を示すことがある。これは出来事に直接影響を受けたためである。この確認のためには、アンケートの個別項目の回答を見ると、特に悪いように評価している項目があるので、その反映であることが判る。

　この場合の対応策：原因がはっきりしていれば、その出来事の経過次第で、予後は決まる。経過を見守ることがよい。

　④クラスで楽しそうにしているが、侵害認知群にいることがある。非承認群にいることもある。このような場合、侵害されている、あるいは非承認状態にあると思ってはいるが、それに気付かれることが嫌なために、代償的に楽しそうにふるまっていることもある。

　この場合の対応策：担任・関係教員はアンケート結果に気付いて、積極的にサポートをす

る必要がある。個人的に話を聞けば、本音を話し出すと思われる。

　このようにさまざまな場合があるので、自尊感情、健康症状チェックなどのアンケート結果と、担任情報とをすり合わせて総合的に判断する必要がある。それらの結果に応じて、その後の対応策も、個別に適切なものとすべきである。

　2）QUで不満足群にいる場合の理由とその対応策
　①特に、家庭病理による学校生活での不満足群。自尊感情検査で、家族関係の薄さないし家族関係の不調和（悪化）がある生活基盤の不安定さによるもの。家庭での様子が、ネグレクト同然の場合、親が口うるさい場合、夫婦関係の悪化などで家族間でもめている場合、親の精神病状態（うつ状態や家事ができない実行機能低下時）、きょうだい間葛藤のある場合などがある。学校と家は別と受け止められずに、家庭での認められなさ、大事にされなさが、クラスの居心地にも影響している場合がある。
　この場合の対応策：家族情報を得て、家庭問題の改善を図るか（実際に家族介入は至難の業となる）、学校と家族問題は別と思わせるか、学校での居心地をすこぶるいいものとする（部活動、学習成果など）と、この場所からの離脱が起きる。

　3）QUで要支援群にいる場合：個人病理として不満足群にいる場合も同様。
　クラスで認められていると思えず、「迫害」や「嫌がらせ」や、避けられていると思っている場合である。この場所に来やすい場合は、
　①学力の低い子が、クラスで「のけ者」にされているような場合、あるいは馴染めていない、溶け込めていない場合、
　②学力は低くはないが、クラスでトラブルが起きて、自分が原因で、落ち込んでいるような場合、
　③学力はみんなから一目置かれるような存在にもかかわらず、自己否定が強く、被害的に受け止めているうつ状態の場合、
　④学力はそこそこだが、家庭の事情で、自己存在感が低く、クラスに溶け込めていない場合、
　⑤性格特性が、被害的、ネガティブ思考で、他者の話を、中立的、ないし正しく受け止められない場合が多い。
　この場合の対応策：放置すると、学校生活が、面白くないので、登校不能にいたるリスクが高い。そこで、この群の生徒を、できるだけ学校生活満足群に近づける作戦が必要となる。

まず必要なことは、その場所にいる原因の追求である。これが正しくないと成功への道はない。そのためには、アンケート全ての資料（1. QUの学校生活意欲、2. 自尊感情検査得点とそのプロファイル、3. 健康症状チェックの指標）から、判断をすることになる。

⑥学力が高く仲間からの信頼もある生徒が不満足群や要支援群にいる場合、この生徒の気持ちは自信がなく、被害的になり、周りとうまくいかないと思っている精神状態にあることの反映である可能性が高い。程度の差はあれ、うつ状態と言える。

この場合の対応策：個別に話を聞く。それによりこの生徒の思いや考えが軽減すればよい。しかし担任がフォローできる状態でなければ、SCに繋ぐことが必要となる。この場合、クラス問題ではなく、個人の精神病理の問題として対応することになる。他の自尊感情結果や健康症状チェック結果がハイリスク状態にあれば、うつ状態ないしうつ病が疑われるので、登校できていても未病うつ状態へのアプローチとなる。

4）QUで非承認にいる場合の理由とその対応策

①学力が低く、孤立気味で、口数の少ない生徒はクラス仲間から認められ度合が低い。このため、典型的には学力の低い児童・生徒がこの群に多い。理由は、学校生活では、やはり、教科学習が中心なので、それに遅れがある生徒、勉強が苦手できらいと感じている生徒は、他の生徒からの評価が低いとの思いが強くなるので、非承認群（Y軸の下の方）の場所に来る。クラスで10人余りに1人はいるので、2～3人はいるはずである。

この場合の対応策：次に検討すべきことは、その子に対して、クラスでの居心地をよくする作戦を立てることである。作戦としては、

a. クラスの雰囲気が勉強中心ではなく、何かが得意な子の存在感が、認めれられるとき：例えば、学力は低いが、運動が得意で、クラスリレーで活躍できる。絵が得意、うまいので、クラスでのイラストづくりには活躍できる。歌が好きで発言力があると、合唱コンクールで指揮者ができる。などなどの場合には、その生徒に活躍の場ができ、それが「存在感」となるだろう。そうなると、この位置には居ない。

b. 特別指導等で、不得意科目だけを、学習強化してもらい、それなりの理解を得る。原学級で同じテストで、いい点を取ったときには、先生が、その頑張りをクラスで報告する。みんなの驚きや関心を集めると、子どもの認められ感が強まり、改善するのでこの場所から、上に上がる。

c. アンケートの結果、健康度の高い協調性のある生徒が判っているので、その内の1～2人と一緒の4～5人からなる班を作る。そして健康度の高い生徒に積極的に誘い掛けをするとよいと言っておく。また、意見を聞いてやってほしいと伝えておく。健康度の高い子は、協調性があるので、こういったこともうまくやる。そうすると、少人数なの

で仲間意識が形成されやすく、また班同士での活動を増やしてみるとコミュニケーションが増えるので孤立感が減り、認められ感が増える。担任としての働きかけは、当該生徒の意見を聞いてやる機会を増やす。こういったクラス指導で、環境からくる孤立感を軽減し、落ち込みや意欲喪失を防ぎ、学校が面白くなくて休みたくなる登校不能状態を防げる。またうつ状態に陥ることを防ぐことになる。いじめられ感の防止にもなる。

d. そのようなことが期待できないくらいにクラスにそのような生徒が多いときや、他の能力がいうほどのものではないときにも方法はある。少人数教育、放課後の学習、グループ学習を取り入れ、補習の時間をとる。このような状況では認められやすいので、その児童・生徒は認められ感の改善に繋がる。

e. さらに別の方法もある。先生の授業態度による。特に小学校では有効と思われるが、学力に課題があり、コミュニケーションも下手という場合も多い。そのような場合、その生徒の発言内容は、適切でない、間違っていることが多いが、「（君の意見の）いうことは判った」と担任は、1回は承認する。「他の意見は」というコトバを使わない。これが、自分の意見を一度は認めてもらった感に繋がる。

f. 道徳の授業の一環として、「人の話を肯定的に聞く」という取り組みもある。生徒には何回もなれるまでに練習が要るが、1年を通してやると効果と慣れ・習熟は見られる。同様の取り組みに、「私ことば」「あなたことば」の課題もある。相手を傷つけない言い方である（足立ら，1997）。こういった表現方法を、クラスでみんなが身につけることができれば、居心地は変わると考えられる。

g. 話の合うクラスメイト・友達の存在。クラスに話す友達がいると、その子に聞いてもらっていることも多いので、それが認められ感に繋がっていることがある。次の学年は、クラスがちがうと、孤立し、承認得点が低くなり、居心地が悪くなるケースもあるので、この場合は次の学年も同じクラスになれるとよい。

h. さらに、これでも不十分と思われるときは、クラスで「いいところ探し」をする。このときに、c.での先の意図で作った当該生徒のいる班の様子を見ておいて、班内でいい意見が出ていそうであれば、それをたくさんある班の一つの代表として、みんなの前で各自の意見を紹介させる。このときに、当該生徒の話も出るが、健康度の高い子は、この生徒のいいところをうまく言ってくれるので、その所見が、クラスとしての意見になり、みんなが知ることになる。この影響は大きい。

上記のような対応策・取り組みがない場合

このような対応をしない場合、学習能力の低い子は非承認群が定位置となるか、クラスの雰囲気によっては、さらに悪くなる。

このような生徒は自尊感情も低得点の場合が多い。そうすると、ポジティブに物事を受け取れず、他生徒の言動を自分への嫌がらせや嫌われているためなどと被害的に受けやすくなる。特段のいじめや排除・排斥がなくとも、そうなる。そうすると、QU結果は、左方へ変位し、要支援群に近づき、つまり学校が面白くないと感じてしまう。クラス対応の無策さを示している。

したがって、この生徒の1回目と2回目のQU指標の動きが、クラスの雰囲気のバロメーターになる。つまりこの生徒のQU指標がいいところに変移すると、クラスの雰囲気はとてもよくなったと思える。

5）QU満足群にいるが、満足群と判断しないほうがいい場合とその対応策

①自分勝手なふるまいがよくあり、周りの生徒や様子に斟酌しない生徒の場合、満足群に位置することがある。本人はそう思っているのだが、クラスの雰囲気の反映というよりは、独りよがりの結果である。

この場合の対応策：中学生になると、クラスみんなで仲良くするとよいといった指導では、生徒は納得できない。自己の在り様に気付かせること、友達関係に人間関係の関係性としての配慮を持たせることなど、集団の中での自分の立ち位置を見つめる訓練も必要となる。そういった教育的指導が望ましい。

②他者への依存傾向が強く、ある特定のクラスメイトとだけ緊密な関係の状態にある生徒が満足群にいる場合、クラスの健康さの反映というより、その友達の存在そのものを表している場合もある。

この場合の対応策：対人関係や感情状態が不安定であるので、注意がいる。背景に別の問題（例えば家族関係、部活などでのトラブルを抱えている、人格形成が未熟など）がある可能性が高いので、直接に話を聞く。そしてその原因を知ることが将来のためにも必要となる。

③状況認知が悪い生徒の場合、周りから疎まれたり、避けられがちなのに、満足群かそれに近いところに位置していることがある。

この場合の対応策：状況への気付きが難しいので、原因となっている現実の出来事に気付かせる教育的配慮がいる。しかし、俗にいう「空気を読む」ことは、彼らにとっては難問である。気付きよりも、見守り配慮のほうがよい場合もある。その他の情報と考え合わせるしかない。

（3）「やる気のあるクラスをつくるためのアンケート」

「やる気のあるクラスをつくるためのアンケート」では、個人的な学校生活意欲が判る。これは友達関係、学習意欲、教員との関係、クラスとの関係、進路についての5軸で示され

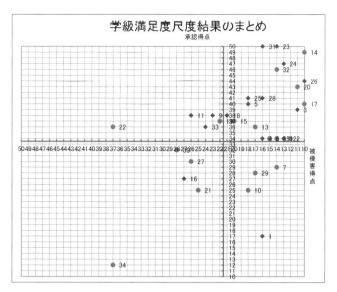

図4-1　○年△組　Q-U1：いごこちのよいクラスにするためのアンケート　1回目

る。クラス全体の傾向と、個々の生徒の数値が得られる。リスクの高い場合は、この5軸全体が低いか、特定の軸が低い場合である。それらについて検討する。

　クラス全体の得点が、指標となる全国平均より高い場合、学習意欲の高いクラスと言える。逆に低い場合、何らかの問題が潜在している可能性がある。5軸の一つ一つを見ていく。友達関係とクラスとの関係は、我々の資料では同じ指標を表していると思われるが、その他の軸はそれぞれ別の指標なので、判断は判りやすいと思われる。

　個々の生徒の指標は、全体に低い場合と、ある特定の軸が低い場合がある。
1）全体に低い場合
①学力が低くて、学習意欲が低い場合が多い。
　この場合の対応策：適切な学習環境に置かれているかの検証がいる。取り出し授業や特別支援教育が必要かもしれない。前年までの学習に関する情報を得て判断するとよい。
②学力が低くはないのに、全体に低い場合は、何らかの困難を抱えていて、学習に集中できていない。背景に両親の不和や病気や貧困などの家庭問題、自身の精神的身体的病気などの自身の問題、いじめられなどの友達関係の困難苦悩などが考えられる。
　この場合の対応策：原因を知る必要があるので生徒に対して個別に働きかけてみる。
③クラスで全体に低い生徒が多い場合、クラスが荒れているか、学級崩壊に近い状態が考えられる。
　この場合の対応策：絶対に学級崩壊をさせないという決意がいる。クラスや学年だけの力

第4章　3種類のアンケート検査とその読み方　　31

では、解決できないことが多いので、学校としての対応策を早急に考え、対処する。

2) 特定の領域が低い場合、その生徒の抱える困難により決まる。

　友達関係が低い場合、クラスで孤立している場合や友達付き合いが苦手な場合や友達がいない場合や友人関係でトラブルを抱えている場合に低くなる。その他のアンケート結果を加味して、その原因を考える。

　学習意欲が低い場合、学力が低いとき、学習に対する関心が乏しいとき、家庭などでよい学習環境に置かれていないとき、低くなる。他のアンケート結果やほかの情報を加味して、その原因を考える。

　教員との関係が低い場合、教員に叱られたことがある場合、話しかけることが乏しい場合、対人不安・緊張の強い場合、教員との歩み寄りが見られない場合に低くなる。この場合も他のアンケート結果や情報を加味して、その原因を考える。

　進路についてが低い場合、将来への夢や希望がない場合や、これからの進路が保護者との意見で食い違うとき、どうすればいいかまだ決めかねている場合、学習意欲や学習能力が低い場合、低くなる。この場合も、他のアンケート結果やそのほかの情報を加味して、その原因を考える。

性別	名　前	出席番号	Q-U1: クラスいごこち				Q-U2: 学校生活意欲尺度グラフ用各項目合計					
			承認得点合計	被侵害得点合計	承認得点判定	被侵害得点判定	友人	学習	教師	学級	進路	計
男子	A	1	17	16	B	Y	17	11	20	16	12	76
	O	9	38	23	A	X	17	16	11	9	9	62
	K	11	38	26	A	X	16	20	15	13	12	76
	K	12	34	13	A	Y	20	11	13	14	5	63
	J	16	27	27		X	12	15	16	8	14	65
	J	18	38	21	A	Y	16	13	13	15	10	67
	C	23	50	14	A	Y	20	20	19	20	16	95
	T	24	47	13	A	Y	20	16	14	20	20	90
	T	25	41	18	A	Y	16	12	20	13	12	73
	N	26	44	10	A	Y	18	20	20	20	18	96
	N	28	41	16	A	Y	19	17	11	16	13	76
	M	31	50	16	A	Y	20	19	19	20	20	98
	Y	33	36	24	A	X	19	17	15	20	17	88
女子	I	2	34	12	A	Y	15	13	14	13	14	69
	I	6	34	15	A	Y	18	8	13	14	9	62
	U	7	29	14		Y	19	15	18	16	16	84
	K	10	25	18		Y	16	9	14	16	12	67
	K	13	36	17	A	Y	19	16	13	16	16	80
	S	14	49	16	A	Y	20	20	20	20	20	100
	S	15	37	20	A	Y	18	13	17	20	17	85
	S	17	40	10	A	Y	19	20	17	19	17	92
	S	19	37	22	A	X	19	15	12	16	6	68
	T	20	43	11	A	Y	20	18	14	19	13	84
	T	21	25	25		X	15	6	11	13	15	60
	T	22	36	37	A	X	19	17	17	16	17	86
	N	27	30	26		X	14	11	12	13	7	57
	N	29	28	17		Y	14	15	19	18	12	78
	M	30	32	28		X	17	14	16	15	15	77
	M	32	46	14	A	Y	20	19	19	18	16	92
	Y	34	12	37	B	X	7	16	12	4	11	50
	Y	35	34	14	A	Y	18	17	15	14	20	84

図4-2　〇年△組　Q-U実施人数××名

2. クーパースミス自尊感情検査（Coopersmith セルフエスティーム）

この検査は自己満足感を知るため、クーパースミス（Coopersmith）の自尊感情検査を用いる（質問項目は p.44-45）。

背　景

QU 検査は学校という環境での児童・生徒の様子と、学校生活意欲の状態がよくわかる。しかし、それが判ったとして、その状態を本人が、どのように感じているかは、別次元の問題である。そこで、今、自分がどの程度の自己満足感の状態、あるいは不満足の状態にあるのかということを知る必要がある。このために、クーパースミスの 51 項目の自尊感情アンケート検査を実施する。これにより生徒が自尊感情のどの側面は健全に保たれているか、あるいは影響を受け低下しているかを知ることができる。

目　的

自尊感情（セルフ・エスティーム）とは、一般に「人が自分の自己概念と関連付ける個人的価値観および能力の感覚」と定義されている。何かを実行する際の積極性、実行力、達成感、完成感、適切さ感、自己決定感や、他者との関係、他者からの評価、他者への態度などによって築かれてきた他者との地位や位置関係や、自己の存在意義、安定した気分、満足度、これまでの自分の生き方に対する内省といった個人の価値観などとされている（遠藤ら、1992）。したがって、自尊感情状態を知ることは、当人のそのときの上手くいってる感じやいってなさの感じ（自己満足感）の表れであり、また、周りとの関係を表すものでもある。見方を変えると、ストレスや困難に耐えられる程度を知ることにもなる。

開発の経緯

クーパースミスの自尊感情検査項目は、自己の適切感（自信やくよくよしないこと）、否定的な自己、他者関係・仲間関係、自己主張、両親家族関係など計 51 項目からなる。学校、家族、仲間、自己、社会活動性の広範囲の領域を聞いているので、いわば社会生活における自己満足度を測定している。最もよくも知られている自尊感情検査の一つで、特性もよく知られている（遠藤ら，2001）。

この検査法の成立の経緯は、最初クーパースミスが 58 項目からなる児童用の SE-I（Self-esteem Inventory）を開発した。その後ベネット（Benett, L.A., et al. 1971）は、この成人版 50 項目を作成した。これをもとにわが国で翻訳されたもの（遠藤ら，2001）を、子どもが理解できるように改変したものが、我々が使用している版である。小学校 5 年生以上を視野に置

いた版（平野啓子作成版）（付録として添付）と、小学校低学年でも用いられる版とを用いている。低学年の子どもでも理解できるように、学校で用いる際に、その学校の教員に、子どもが正しく理解できるように日本語を手直ししてもらっている（小学生版は記載割愛）。

検査の構成

この検査の原文は50項目からなり「はい、いいえ」の2者選択の形になっている。それを51項目とし、4検法（はい、ややそう、やや違う、いいえ）として選択の幅を増やした。質問項目1は、2つある。これは原文の意味が、2つの意味に取れると思われたので、別々の項目とした。51項目には、自尊感情に関するいくつかの領域が含まれている。これを三重県下の中学生に用いた結果を標準化資料として用いている。項目の回答分布と因子分析の結果（柏井．2012）から、個人結果に関しては「集計用のフォーマット」（後述・付録）も作成している。

フォーマットは自尊感情の点から見て4検法の質問の回答を、肯定的回答◎印、4点、やや肯定的回答○印、3点、やや否定的回答△印、2点、否定的回答×印、1点の記号と点数の両方で表示が出るようにしてある。

検査の実施の仕方：検査の実施に関しては、質問項目に対しては、『あまり深く考えないで、次々とする』とされ、直感的な第一印象で答えることとされている。

検査の発達心理的な意味

ゴーブルによると、有名なMaslowは、1954年、1970年に人間欲求の基本的な5つの段階を上げている。自尊感情は4番目の段階に当たる。ちなみに、人間欲求の第1段階は、基本的な衣食住といった生理的欲求の段階、第2段階は、社会や地域組織などでの安全・安定性、依存でき保護されることや、恐怖からの自由、構造と秩序への要求などの段階、第3の段階は、自分はどの集団の誰であるかという存在で帰属性・所属性が満たされることと、愛情・愛慕の要求で孤立感・疎外追放感・拒絶感・社会的足場のなさがないことである。

この第4段階の自尊感情が十分に満たされることにより、次の第5段階である自己実現をしようと考えることができる。つまり、自尊感情は自己実現のための前提条件となっている。従って、この第4段階である自尊感情が低下していると、自己実現ができない。つまりは、今おかれている状態に、自分なりに堪えて乗り切ることができない。それゆえ、自尊感情のチェックは重要なのである。

また、この検査の特徴は著者の日常臨床経験から、1．きわめて表面的なことを質問しているにもかかわらず、本人や周りの人から見た本人に対する印象とよく一致する。2．この検査は、ある時点での状態チェックに過ぎないが、再検査したときとの差が、本人の思いと

よく一致する。このために、敏感でかつ利用価値の高い検査といえる。

検査結果（中学生を対象とした標準化について）

2014（平成 26）年に三重県内の中学校でこの検査を生徒 254 名（男子 126 名、女子 128 名）に実施した検査結果を示す。全体の平均値は 129 点、1 標準偏差（SD）は 17.5 であった。因子分析の結果は 5 因子に分かれると判断した。

その結果 5 因子は、

(1) 個人の内面的な自己肯定感で適切性であり現実回避的な気楽さ、積極性・好奇心、自己決定、遂行能力が含まれる

(2) 自己の不適切性でありネガティブ思考や混乱のしやすさが含まれる

(3) 家族対人関係であり家族関係の良さ、対人関係の積極性、幸福感が含まれる

(4) 自己拒否であり現在の自己の否定、後悔がふくまれる

(5) 自信・他者との比較であり自信または自己肥大感、他者への劣等感のなさが含まれる

と考えた。

Coopersmith の自尊感情 51 項目　　N=856			平均値	標準偏差
合計点	51 項目	満点 204 点	129.0	17.5
個人の内面的な自己肯定感で適切性　合計点	16 項目	満点 64 点	39.0	6.7
自己の不適切性合計点	9 項目	満点 36 点	24.3	4.9
家族対人関係合計点	9 項目	満点 36 点	26.4	4.6
自己拒否合計点	7 項目	満点 28 点	18.3	4.3
自信・他者との比較合計点	10 項目	満点 40 点	21.7	4.5

結果の意味

（1）合計得点

標準化から見ると、平均値は約 130 点で 1SD は 20 点弱となるために、110 点から 150 点をおよその平均範囲とみなした。

90 点以下の場合、低い自尊感情にあり、集団生活の中で、自己を主張するとか、みんなの勢いと同じように行動することはできない。それでも無理にすると、とてもつらい状態である。日常生活では登校すること自体が苦しいと思われる。その生徒が答えた項目を一つずつなぞってみると、その困難さと辛さが判り易いので、生徒理解には有用と思われる。例え

ば、項目44の『人生の失敗者である』に印をつける中学生を見ると、どうしたのだろうか、大丈夫だろうかと思いをめぐらせることが大事である。

90～110点の場合、自己に対する評価が低い。今の自分が、自分としては不適切な状態であり、自己の価値観に乏しく、劣等感、羞恥心や罪業感、不安が強く、他者に対しては積極的な態度が取れないと感じていることが多い。したがって、やや勢いに乏しい段階や状態である。周りの出来事に左右されやすいように思われる。たとえば、友達の言動に過敏であり、友達の勢いに負けると感じると、会話ややり取りの内容によっては、いじめや嫌がらせや圧力と受け止めてしまいやすい面もある。しかし、教育環境がよいと、登校には影響しない程度といえる。若年青年期女子においては、他者との関係に過敏な時期には、合計得点がやや低下しやすく、この範囲の得点を示すことがある。

150点前後の場合は、自尊感情としては十分に高いといえる自己満足度の高い状態である。この場合、①協調性や自己調節能力に優れていて健康度が高いことによる得点が高い場合がある。このタイプは、クラスの委員長などに適している指導的な役割りを果たせる。
一方、②同じ得点であっても自己中心的な満足度だけが高く、そのために他者との関係性が崩れているにも関わらずそれに気づくことがない場合や、③現実検討力がなく単に深刻さにかけているオイフォリー（多幸感）状態の場合や、④自己が傷つき自尊感情が揺さぶられているときに自己を過大評価する躁的防衛の態度をとっている場合などがある。
このような場合には、たとえば、学校の日常生活ではクラスのクレイマーであったり、知的に低いがその現実感に乏しい場合であったり、いじめられだしているか抑うつ状態に陥りだしているものの、必死に自己肥大し自己を守ろうとする自己防衛の段階などの場合があるので、他の情報と併せての総合的な判断が要る。

170点前後は、明確に高い自尊感情を有している。
①浮かれているような躁状態である場合や、②絶えず他者とトラブルを起こしてクラスでの協調性に欠けると思われている場合などがある。

合計得点とは別に、回答番号の選び方で、多くの1. ないし4. の項目に印を付けている場合（51項目中41項目以上）は、白黒はっきりタイプで、勢いがありすぎたり、あきらめやすかったり、逡巡することが乏しいので、内面探索的ではないし、深慮に欠ける。一方、2. と3. に印が多い場合は、優柔不断な印象が強くなる。

（2）下位項目特性

　51項目を、因子分析を用いて項目分析を試みたが、それを基にプロファイルを描き現在の自己満足感を判断すると、どの面で、自己満足感がよいか、悪いかの判断ができる。

　以下に現在用いているプロファイル内容を示す。

　1）個人の内面的な自己肯定感で適切性には、現実回避的な気楽さ、積極性・好奇心、自己決定、遂行能力についての項目がある。自己主張や遂行力に関する項目の得点が低い場合、気楽さに乏しく、言わなければならない場面でも、発言できないことが多く、消極的と思われていたり、行動力が低いと思われている。総得点も低いと、集団場面で過ごすことがつらくなり、登校不能状態に陥りやすい。

　2）自己の不適切性にはネガティブ思考や混乱のしやすさの項目がある。これが低いと、何事も悪いほうに受け止める、人から問われたときに自分の思いを明確にできない戸惑い易さがみられる。

　3）家族対人関係には家族関係のよさ、対人関係の積極性、幸福感に関しての項目がある。家族対人関係や積極性・好奇心の得点が高い場合は、積極的に友達を求めるなど対人志向性が強い。これらの項目の得点が低い場合は、友達が少ない。家族関係が悪いか疎である場合、この得点が低くなる。逆に、5つとも◎（肯定的な回答）がある場合、家での居心地はよいが親との強い依存関係となっていることもある。

　4）自己拒否には現在の自己否定、後悔の項目がある。これが低いと、過去を後悔していたり、今の自分がよいように思えていないことを示す。

　5）自信・他者との比較には、自信または自己肥大感、他者への劣等感のなさの項目がある。他者からの評価が低いと思っている場合も、友達との関係性はあっても、クラスでの居心地はよくないので、毎日の学校生活は、つらいものがある。

　6）総得点（合計得点）による心理状態の判断

　①全体の項目得点が低いにもかかわらず、楽天的傾向や自己肥大に関する項目での得点が高い場合がある。これは現実を乗り切るための過剰なそう的防衛であることがある。また、

　②総得点が低いにもかかわらず、楽天的傾向や自己肥大があると、現実を内省するよりも、気楽さにより現実を回避している傾向を示すので、個人の気持ちとしてはつらくはないが、将来を考えると現実吟味力を志向する指導がいる。いずれにせよ、人生が楽しくないというか、辛そうに見える。学校生活も、楽しいものとは思えない。

　③総得点が全体的に低い場合、現実的な判断に混乱が見られるか自信がなく、今に満足できていないで、後悔や変身願望を有しやすいと思われる。

④総得点が高い場合、自己の適切感、不適切感、自己肯定感、自己否定に関する項目については、今の自分に逡巡することなく、自分らしいと思っている。周りにとってもそうかどうかは別問題である。

事例検討で自尊感情を評価する際の進め方

（1）取り上げる基準

①先に述べた基準（51項目の合計得点110点以下）により、ハイリスク生徒を検討する（ただし、パッケージ化では100点以下がハイリスクと表示される）。また、②プロファイル上、特定の因子が低い場合、事例検討対象とする。

一方、自尊感情検査結果が高い場合、2通りの状態がある。③わがままが強くて自分さえよければよい場合も高くなる場合と、④健康度全体にバランスがよく、協調性の高い場合も高くなる。この場合も、担任が捉えている生徒の日ごろの様子を加味して判断する。

（2）事例検討の進め方

まず、著者が先に述べたアンケート結果の意味を考え、担任に述べる。そのうえにさらに担任からの情報（担任チェックの「一覧表」）を加味し、およその内面状態を類推する。その結果は、上記①②③の場合は、

1）元来の性格特性の反映と思われるか、

2）家庭環境や学校環境による結果と考えられるか、

3）通常のこの生徒とは違う精神状態にあると考えられるか、のいずれかであることが多い。

（また、上記④の場合は、クラスでのリーダーや協力者となれる生徒なので、あらためて述べる）

（3）この場合の対応策

1）の「元来の性格特性の反映と思われる」場合、担任チェックの「一覧表」（pp.20-21）の「D:心配な個人性格特性」のどれに相当するかによる。

例として、1. 不安が強い、自信がない、場合を示す。

健康度の高い生徒のうち、支持的な誘い掛けや背中を押してくれそうな生徒と同じ班にすることをこころみる。その他はあまり自己主張の強くない生徒を班のメンバーにしておく。その健康度の高い生徒にこの該当生徒に対して、「不安があったり、自信がなさそうなときには、後押しをする機会があれば、応援してやって」と伝えておく。そして、班の中でのやり取りや、班同士でのやり取りの機会を作り、該当生徒がちょっとした自己主張や些細な行動・行為を実行する機会を作るようにする。こうして、数カ月様子を見ることが、一つの対

応策になる。その効果・影響は、2回目のアンケート結果でわかると思われる。

2）の「家庭環境や学校環境による結果と考えられる」場合「A：不適応行動【生徒指導関係】」のどれに相当するかによる。

例として、「1. 喧嘩や暴力行為」の場合を示す。

アンケート結果は、クラスの居心地は学校生活不満足群で、自尊感情が全体に低く、特に家族関係が低く（疎であり）、否定的な傾向が強かった。この結果、友達関係でも、うまくいかずに喧嘩になりやすかったと判断された。

この場合の対応策：担任から該当生徒への喧嘩以外の何気ないことに関しての話しかけからスタートする。その機会を増やして教員との疎通性のある関係を作る。意思疎通が図られたら、家庭での様子や家族生活の話を聞くようにする。その話をしてくれるようになれば、該当生徒の置かれている状況や立場に理解を示す。そして「苦労しているようだけど、よく我慢しているな」と言った言葉かけをしてみる。担任との十分な意思疎通が図られたら、ある一つの友達とのトラブルについて、「一体どうなっていたのか」と聞いてみる。

これで、何とか改善すればよし。難しいならば、担任の守備範囲を逸脱していると思われるので、家族と連携するか、SCに繋ぐか、専門機関に繋ぐかの、さらなる手段が必要になると思われる。

3）の「通常のこの生徒とは違う精神状態にあると考えられる」場合

担任記入用のチェックポイントの一覧表（p.21）の「E：精神的問題」が考えられる。例として担任の「一覧表」のE：の「1. うつ状態（以前より、覇気がない・元気がない・否定的・行動回避的）」に該当する場合を仮定する。

例：今回のアンケート結果では、前回に比べ、居心地のよいクラスにするためのアンケートでは不満足群に入り、やる気のあるクラスをつくるためのアンケート（学校生活意欲）では、全体に少し低下していた。自尊感情では、全体で20点の低下があり、特に積極性・好奇心、の低下（−5点）、ネガティブ思考と混乱（−10点）が強くなっていた。さらに健康症状チェックでは前回より合計ポイントが17点増え、30点となり希死念慮に1つ○印をつけていた。しかも「これからのこと」では、「何とかもとに戻りたい」に○印をつけていた。

以上の結果から、気分の低下と混乱の強い状態で、うつ病の症状があることが判った。このことから、担任は本人と面接し、「このごろどうか、前と様子が違うが、何か自分で変化が判るか」と問い。その症状の変化を確認した。そして、本人の了解を得て、家族への連絡をした。連絡の内容は、「このところ、学校でも、いつものような元気さがないので、心配している。本人に確認したら、気分も落ち込むことがあるようです。ついては、一度専門の

医療機関を受診されてはいかがでしょうか。これまでも、同じような生徒を経験したことがあるが、受診して、相談したら、今後の方向性が判り、安心できた。加療により3〜4カ月後には元の様子に回復したことがありました」と伝えた。その後、家族は医療機関を受診しているとの連絡があった。

（4）その他の対応策

①自尊感情の総得点が90点以下の場合、学校生活の状態がどのような状態であっても学校を休ませることも、安全でメリットが大きいと伝える。それは同年代集団での生活についていく勢いや適応性がない状態であることと、もし友達関係や学習や部活動などで何がしかのプレッシャーがかかればそれを耐え忍び乗り切ることができないと思われるからである。つまり、今以上に追い詰めることはリスクが高いと思われるからである。特に次に述べる健康症状チェックが高いうつ状態と結びついている場合は危険である。

とりあえず、担任は本人と面接し、どのような思いで学校に来ているかをたずねる。その結果にもよるが、辛ければ、身近な人に相談するとか、保護者に伝えるとか、友達関係を確認する等して、状態把握に努める。対応はそれから考える。

②自尊感情の総得点が90点から110点の場合、例えばうつ状態が明確であると判断される場合は、時により登校困難状態と思われる。さらに、下位項目のプロファイルを参考にする。また、その他の所見（学校生活での学力低下、友達関係、部活動での様子など社会的機能の判断）を考え合わせ、かつ家庭での様子を確認する。このような状態の生徒は、通常クラスに1〜2人いる。

経過の見方：2回目の検査があるので、変化は確認できる。特に、総得点とプロファイルの両方を見ながら、学校での様子とすり合わせて考えると変化がよくわかる。大きく得点が変わっている必要はない。少しずつ変化していても変化がよくわかる。また、他の検査結果も同時に見ると、内面的な苦しさと楽さがよく見える。

③自尊感情が全体的に低い場合の対応策：自尊感情を高める方法はある。子どもに対して、適切な自尊感情を持つに至らせることは大事なことである。ただ、そのプロファイルの違いにより個々の対応法は異なるので、個別の配慮が必要となる。

例えば、学校では、クラスの居心地など特定の状況と関連している場合は対応策がある。例えば、クラスでの認められ感が低いために自尊感情が低い場合、「自分のいいところ探し」という方法を実施している（詳細は後述）。

これによる直接効果は2回目の結果により、明らかな変化が認められる場合があり、手応えがわかる。

（5）児童・生徒や保護者への結果の伝え方

　通常、担任限りの個人情報であるので、伝えない。しかし、伝えたいほど気になる場合もある。その場合は、担任が急がなければ、3者懇談などで、｢学校での様子から何々が気になります」と伝えることで保護者と情報を共有できる。

　参考事項　Coopersmith の自尊感情集計例を示す。

日付	201X 年 6 月 3 日				
名前	山田洋				各合計
A 自己の適切性	現実回避	1（B）	B	◎	11
		5		×	
		43		△	
		49		◎	
	積極性 好奇心	4	削除	×	7
		24	<10%	◎	
		36		△	
	自己決定	9		◎	11
		25		△	
		31	否	◎	
		33		×	
	遂行能力	18	否	△	13
		20	否	○	
		40	<10%	◎	
42		42	<10%	○	
		47		×	
B 自己不適切性	ネガティブ思考	*1		△	5
		38		△	
		41		×	
	混乱	11	否	×	11
		13		○	
		14		○	
		19		△	
16		37	否	×	
		48		×	

日付	201X 年 6 月 3 日				
名前	山田洋				各合計
C 家族対人関係	家族関係	6		×	11
		23	削除、否	×	
		30		◎	
		35		△	
		46	<10%	○	
	積極性	10	否	◎	5
		34	否	×	
21	幸福	17		○	5
		21	否	△	
D 自己拒否	自己拒否・後悔	3		△	15
		7		△	
		8		△	
		15		○	
		26		△	
15		27		△	
		32	削除、否	×	
E 自信 他者との比較	自信（または 自己肥大）	2		△	19
		12	削除	◎	
		16	<5%	×	
		22	<10%	◎	
		28	<5%	○	
		29	<10%	△	
		39	<10%	○	
	他者への劣等感 挫折	44		○	7
26		45		○	
		50		×	
全合計					120

記号の説明：

◎：4点。○：3点。△：2点。×：1点。削除：因子分析で5因子の項目には含まれなかった項目だが、質問内容から判断してその因子に含めた。否：質問項目を否定した場合に自尊感情が高いとされる項目。<10%：肯定的回答をした生徒が10%以下の項目。<5%：肯定的回答をした生徒が5%以下の項目。

この事例の評価と担任へのコメント例（事例検討会でのやり取りの例）：全体的には 120 点で平均範囲といえる。下位項目を見ると、自己不適切性は 16 点（平均 24.3）でやや低く、特にネガティブ思考が低い（悪い）ので、物事を悪いほうに受け止める傾向がある。他者との比較・自信は、統計的には肯定的につける割合が低い項目が多い（平均 21.7）にもかかわらず、◎が二つ、○が二つあり 26 点でやや高い。

　このことから、ネガティブ思考があるにもかかわらず、自信があると思う自己肥大した思い・強がり、ないし代償的な考えで補おうとしているのかもしれない。事例検討会では、「教室では、そういった面はどうですか」と、現実とのすり合わせを行う。

　その結果、担任から見て「なるほど」と思うことができれば、その解釈は正しいとする。「そうは思えない」と言われれば、さらに様子を観察してもらう。または、他の情報を加味して解釈を考え直す流れになる。

　参考事項：クーパースミスの自尊感情検査による項目分析の成人の結果と中学生での結果の違い

　これまでの成人に対して用いた因子分析の結果では、遠藤らは 6 因子に分けている。それらには、1. 自己の適切性（自分の信念・決断に自信を持ち、くよくよと心配しなさ 8 項目）、2. 自己の不適切性（他者によりかかる態度 7 項目）、3. 自己拒否（現在の自分を否定して、別の人格に変わりたさ 5 項目）、4. 消極的自己・仲間関係（自己の魅力・能力・信頼感の評価の低さ 5 項目）、5. 両親家庭関係（両親家庭と自己の関係 5 項目）、6. 積極的自己・仲間関係（他者との接触を好む傾向 5 項目）である。これ（35 項目になる）で全体の分散の 25.7％を説明できるとしている。我々の集計では、5 因子で全分散の 36.73％を説明していた。それに含まれる項目は 46 項目であった（柏井，2012）。

●付録1：小学校5年生以上版
クーパースミスの自尊感情のアンケート

氏名　　　　　　年齢：　　性別：男・女

　このアンケートは学校の成績には関係ありません。皆さんの学校での気持ちを先生が知って、皆さんがもっと楽しく学校生活を送れるように考えるための資料にします。ですから、あなたのアンケートの結果を、友達に知らせるようなことはしません．あなたがふだん、だいたい感じていることであれば「1」に○印を、少しそう思うなら「2」に○印を、あまり思わないなら「3」に○印を、あなたがほとんど感じていないことであれば、「4」に○印をつけてください。

1：だいたい思う　2：少し思う　3：あまり思わない　4：ほとんど思わない。
あまりむずかしく考えないで、どんどんやってください。

	だいたい	少し	あまり	ほとんど
1.　私は（取り留めのない）楽しい空想に長い時間費やすことがある。	1	2	3	4
1*　私は、何事も考え出すと悪いほうに考えてしまう。	1	2	3	4
2.　私は、かなり自信がある。	1	2	3	4
3.　私は、自分がだれか他の人だったらなーとよく思う。	1	2	3	4
4.　私は、なんでもすぐ好きになる。	1	2	3	4
5.　私は、何でもあまり心配にならない方だ。	1	2	3	4
6.　私は、家族や両親といると楽しいと思うことが多い。	1	2	3	4
7.　私は、小さいころにもどりたいと思う。	1	2	3	4
8.　もしその時、変えることができたなら、変わっていたと思えるようなことが、私にはたくさんある。	1	2	3	4
9.　私は、何でもそんなに悩まずに決心する。	1	2	3	4
10.　だれかといっしょにいるのが、とても楽しい。	1	2	3	4
11.　私は、まわりの人に何か言われたりすると、おどろいてどうしていいかわからなくなる。	1	2	3	4
12.　私は、いつも正しいことをしている。	1	2	3	4
13.　何をしたらいいか、いつも誰かに言ってもらわないと、できないところがある。	1	2	3	4
14.　私は、何か新しいことに慣れるまで、時間のかかる方だ。	1	2	3	4
15.　私は、自分のしたことをよく後悔する。	1	2	3	4
16.　私は、同学年の人に人気がある。	1	2	3	4
17.　私は、不幸ではありません。	1	2	3	4
18.　私は、ベストをつくしている。	1	2	3	4
19.　意見がちがうとき、私はすぐに相手にゆずってしまう。	1	2	3	4
20.　いつも自分のことは、自分でしまつすることができる。	1	2	3	4
21.　私は、とても幸せです。	1	2	3	4
22.　私は、自分のしていることをよく自慢する。	1	2	3	4
23.　家族や両親は、私に期待しすぎる。	1	2	3	4
24.　私は、自分が知っている人は、全部好きである。	1	2	3	4

	だいたい	少し	あまり	ほとんど
25. 私は、自分のことをよく知っている。	1	2	3	4
26. 私は、今のままの自分では、かなりつらいと思う。	1	2	3	4
27. 自分のことでは、すべてのことがごちゃごちゃして、すっきりしない。	1	2	3	4
28. ここの仲間（身近な仲間）は、いつも私の考えにしたがう。	1	2	3	4
29. 私は、今までしかられたことがない。	1	2	3	4
30. 家族や両親は、私のことをかなりよく理解している。	1	2	3	4
31. 私は、自分で決心し、がんばることができる。	1	2	3	4
32. （男子）私は男らしく（女子・女らしく）することが好きではない。	1	2	3	4
33. 私は、あまり自分自身のことを、あれやこれやと思わない。	1	2	3	4
34. 私は、人といっしょにいることが好きではない。	1	2	3	4
35. 私は、家族から離れていたい、と思うことがたびたびある。	1	2	3	4
36. 私は、はずかしがりやではない。	1	2	3	4
37. 私は、学校や職場にいるとき、うろたえてどうしていいか、わからなくなるときがある。	1	2	3	4
38. 私は、自分自身がはずかしくなることがよくある。	1	2	3	4
39. 私は、他の人ほど見た目や顔立ちがよくない。	1	2	3	4
40. 言わなければならないことは、いつも言えている。	1	2	3	4
41. 私は、友達から、私の能力は十分でないと思われている。	1	2	3	4
42. 私は、いつも本当のことを言う。	1	2	3	4
43. 私は、自分の身の上に起こることを心配はしない。	1	2	3	4
44. 私は、失敗者である。	1	2	3	4
45. 他の人は、みんな私より好かれているようだ。	1	2	3	4
46. 家族や両親が、いつも私を押し動かしているように思う。	1	2	3	4
47. 私は、人の前で何をしゃべったらいいか、いつも知っている。	1	2	3	4
48. 私は、何かのことで呼び出されたりするとすぐ混乱してしまう。	1	2	3	4
49. 私は、どんな事でも苦にならない。	1	2	3	4
50. 私は、人から信頼されそうにない。	1	2	3	4

ありがとうございました。

注：長方形 で囲んだ項目が、自尊感情から見て肯定的な回答（3点ないし4点）となる。

3. 健康症状検査：項目とその読み方

目 的

　QU 検査で教育環境での状況がわかり、自尊感情検査でそれをどのように捉えているかがわかる。健康症状検査は、その感じた結果、どれほど困った症状と感じているかを知ることが目的である。ここではその症状を、うつ病にみられる多彩な症状から捉えることで、多くの症状を知り、その困り感を知ることで、生徒の抱える問題点の発見と、見逃しを最も少なくできるとの考えで実施している。

検査内容

　合計 55 項目ある。症状としては睡眠障害 3 項目、考えの問題 15 項目（自殺関連 3 項目を含む）、気持ち・意欲関連 19 項目、行動抑制関連 11 項目、身体症状 2 項目あり、困り感としては今後の対応に関する希望や見込み項目 5 項目である。そのうち今後の対応に関する項目を除く 50 項目は ICD-10 の F32 うつ病エピソードの症状に対応させている。

うつ病エピソードの基本症状としては

・抑うつ気分は、「気分が沈む、自然に涙が出てくる」。
・興味と喜びの喪失は、「楽しい気がしない・うっとしい気分になる、むなしい・白けた気分になる、好きなこともやる気がしない・していても面白くない、すべてのことにやる気が起きない、いつもする楽しみ事もしたくない、気まぐれ気分になる・やけくそ気分になる」。
・活力の減退による易疲労感の増大や活動性の減退は、「口数が減った、声が小さくなった、一人で部屋にいる、外出しない・減った、好きなことだけならしていられる、好きなこと・勉強に集中しようと思うができない、しようとするがちょっとがんばるだけで疲れやすい」が、対応している。

うつ病エピソードの一般症状としては

a. 注意力と集中力の減退は、「なかなか考えられない・ボーとすることがある・決めるのに時間がかかる、気になって仕方がないことがある、何をしても何かしっくりこない、どうも自分が自分でないような気がする、あれやこれやと気になり集中できない」。
b. 自己評価と自信の低下は、「自信がない、他の人の勢いに負けてしまう、私はダメな人間と思う・能力がない、劣等感が強くなった」。
c. 罪業感と無価値観は、「何か人に悪いことや迷惑をかけてしまったと思う・悪いのは自

分だと思う」。

d. 将来に対する希望のない悲観的な見方は、「悪い方に考えてしまう・希望がない・もう助からない・将来のことは夢がない・将来は考えられない・これからいい事はないと思う、過去を後悔している、できれば生まれ変わりたい」。

e. 自傷あるいは自殺の観念や行為は、「死んだほうが楽と思う、死にたくなる、実際、死のうとした、自傷行為をした」。

f. 睡眠障害は、「寝つきが悪い、早く目が覚める、ぐっすり眠った気がしない」。

g. 食欲不振は、「身体症状の食欲低下」。

うつ病エピソードに見られるその他の症状としては

・不安は、「いつも不安に感じる、甘えん坊になった、何でも聞く、質問したがる、添い寝をしてもらいたい」。

・精神運動性の激越に関しては、「怒りっぽい」が対応している。

困り感に関する残りの5項目は、それらの状態に対して、どのような思いでいるかを聞いている。大きくは、様子をみる。このままやっていけそうなので、このままでいいのか、助けを求めているかである（どうしていいかわからない、何とかもとにもどりたい、カウンセリングを受けたいなど）。

実施方法

生徒全員が添付してあるアンケート用紙への記入により実施する。指示は1年間の有症状を記すようにしているので、年間有症状率が判る。

検査結果の意味

この症状チェックを、ICD-10の気分障害（うつ病）の診断基準である基本症状（二ついる、重症は三ついる）と一般的な症状（軽症二つ、中等度三つ、重症四ついる）とに分けて対応させるとうつ症状での診断ができる。フォーマットでは自動集計ができるようにしてある。

結 果

健康症状チェックは2013年、2014年（平成25・26年度）に対象それぞれ864人、687人（702人、内欠席15人、2.1％）に実施した健康症状チェックの結果を示す。

対象687人中、軽症うつに該当3人（0.4％）、中等症うつに該当113人（16.4％）、重症うつに該当60人（8.7％）となり、合計で25.5％に該当した。

しかし、このような形でアンケートを取ると内面的に体験した出来事のすべてを表すの

で、うつ病の症状とは言えない精神状態を拾い上げてチェックしている可能性がある。その
フォルス・ポジティブ（あると回答したが、実際にはそれに含めないほうがよい場合の誤った回答）
には、

(1) 基底気分の抑うつ（Untergrund Verstimmung）（人には6カ月から1年というゆっくりとし
た周期で気分の抑揚があり、沈むときがあるがこれをうつ病には含めない。Schneider K.）という現
象が知られている。これが青年期に入り自分で自覚可能となり、それが内省的態度として症
状として表出された可能性がある。

(2) 正常抑うつ。日常的な出来事（友達関係、家族関係、部活動・先生関係など）に対して、
感じる感情の一つとして、色々な気付き、考えが反応性の症状として体験するが、それを症
状としてチェックした可能性がある。

(3) 内面状態の言葉での表現は難しく、適切に言語化できないために、例えば、独自の苦
しさなどがある場合、その症状が、誤って別の言葉で症状として表出された可能性がる。こ
れらのフォルス・ポジティブ症状を含む可能性がある。

このために、今の精神状態に対して本人の困り具合をさらにチェックする。項目の「どう
していいかわからない、なんとか元に戻りたい、カウンセリングを受けたい」と回答した場
合のみを集計したところ、うつ病と判断しうる人数は687人中56人（8％）に該当し、その
内訳は軽症うつに該当、該当者なし、中等症うつに該当28人（4.0％）、重症うつに該当28
人（4.0％）であった。これは、自ら感じる生活上の機能障害の表現であるので、臨床例に近
い状態とみなせる。結論として、中学生のうつ病の発症頻度は8％となった（長尾ら、2013）。

学校メンタルヘルス上の対応規準

ハイリスクの規準はチェック項目55項目のうち、強く見られたとした◎を2点、経験し
たの○を1点と数える。結果は、これまでの経験、①生徒の平均合計点は約10点であった。
②先生が気になる生徒として取り上げた問題を有する生徒の平均合計得点は約20点以上で
あったことから、合計得点が20点以上の生徒をハイリスク生徒として事例検討の対象として
いる。

事例検討の進め方

事例検討会では担任の把握している日常言動の様子や、これまでの言動の様子・変化を聞
く。さらにほかのアンケート結果を見る。その結果、対応策を検討する。

この場合の対応策

健康症状チェックの項目数、その程度（◎強いか、○あった）、これまでの結果も含めた経

時的に見た持続性の有無や変化した項目、自尊感情結果、クラスでの居心地や学校生活意欲を考え併せて判断している。

　合計得点が20～30点の軽度、31点以上の中等度、検査ごとに変動の大きい場合、希死念慮3項目と自傷行為1項目の有無、症状のプロファイル（例えば、行動に関する項目のみ。身体症状の有無など）の困り具合により、対応も若干異なることになる。気を付けなければならないことは、このような場合、生徒の問題を放置しないこと、抱えすぎないこと、臨床例として受診が必要なことも多いことを知っておくとよい。

参　考

　わが国の子どものうつ症状発症頻度については、これまで2～3の調査がある。傳田らの研究によると、バールソ自己記入式評価尺度（18項目からなり3段階法で0、1、2点法でつけ16点を基準値とした）を用いて小・中学生3331人に調査した結果では、小学生では7.7％、中学生では22.8％にうつ傾向が見られる結果を得ている。その内容は因子分析を行った結果、2因子が抽出され、第1因子は「楽しみの減退」、第2因子は「抑うつ・悲哀感」と解釈した。この2因子はDSM-IVの大うつ病エピソードの主症状として取り上げられているものの一部と一致するため、児童・青年期の抑うつ症状と成人の大うつ病エピソードの症状との近似性を示唆している（傳田ら，2004）。同様に児童用抑うつ評価尺度を用いて小学4年生から6年生の児童3324人に実施した調査でも11.6％が基準値を上回り、かつ、各種の不安障害（パニック障害、全般性不安障害、社会恐怖、特定の恐怖、強迫性障害）と関連しているとしている（佐藤ら，2006）。この結果からは子どものメンタルヘルス状態をうつ症状だけではなく、幅広く捉えることの必要性が示唆される。

●資料1　健康症状検査用紙とその結果　中学生用（平成25年度）

この1年間で、あてはまる、強い症状には◎、時々ある症状には○をつけさせた。

[　]内の数字は、先の数字が◎、後の数字が○の数（人数）を示す。回答者全員　864名。

睡眠	寝つきが悪い[5%—20%]、早く目が覚める[4%—15%]、ぐっすり眠った気がしない[12%—25%]
考え事	なかなか考えられない、ボーとすることがある、決めるのに時間がかかる[11%—32%]、気になって仕方がないことがある[10%—22%]、悪い方に考えてしまう[10%—23%]、希望がない[1.3%—7%]、もう助からない[0.8%—2%]、将来の事は夢がない[4%—9%]、将来は考えられない[2%—4%]、これからいい事はないと思う[2%—5%]、死んだほうが楽と思う[2%—6%]、死にたくなる[2%—5%]、実際、死のうとした[0.8%—2%]、過去を後悔している[12%—24%]、できれば生まれ変わりたい[7%—14%]何をしても何かしっくり来ない[4%—12%]、どうも自分が自分でないような気がする[3%—7%]
気持ち・意欲	いつも不安に感じる[6%—16%]、あれやこれやと気になり集中できない[5%—16%]、怒りっぽい[6%—18%]、楽しい気がしない、うっとうしい気分になる[3%—9%]、気分が沈む[5%—11%]、むなしい、しらけた気分になる[1.4%—7%]、自然に涙がでてくる[2%—7%]、好きなこともやる気がしない、していても面白くない[1%—7%]、全てのことにやる気が起きない、いつもする楽しみ事もしたくない[2%—11%]、いつもする楽しみごともしたくない[0.4%—5%]、気まぐれ気分になる、やけくそ気分になる[2%—13%]、何か人に悪い事や迷惑をかけてしまったと思う、悪いのは自分だと思う[8%—20%]、誰かそばにいて欲しい・人恋しい[4%—11%]、淋しい[3%—6%]、一人でいたい・かまわれたくない[3%—10%]、自信がない[9%—21%]、他の人の勢いに負けてしまう[5%—15%]、私はダメな人間と思う・能力がない[7%—15%]、劣等感が強くなった[3%—6%]
行動	口数が減った[3%—9%]、声が小さくなった[2%—5%]、一人で部屋にいる[5%—12%]、外出しない、減った[3%—8%]、好きな事だけならしていられる[8%—16%]、好きなこと・勉強に集中しようと思うが集中できない[6%—19%]、しようとするが、ちょっとがんばるだけで疲れやすい[7%—17%)、自傷行為をした（どこ：　　　　　　　）[0.8%—3%]、甘えん坊になった[0.9%—3%]、何でも聞く・質問したがる[3%—9%]、添い寝をしてもらいたい[0.3%—1.2%]
身体症状	あり[便秘・発熱・食欲低下・頭痛・腹痛・頻尿・夜尿・遺尿・その他（　　）[5%—20%]、全くなし、ほとんどなし（ここのみ、集計では逆算して求めている）][16%—36%]
これからのこと	どうしていいかわからない[5%—11%]、今のままでよい[13%—30%]、何とか元に戻りたい[3%—7%]、カウンセリングを受けたい[0.2%—0.7%]、自分より〈親・家族・学校・友達・そのほか〉を何とかしてほしい[3%—6%]

●**資料2　健康症状検査用紙とその結果　　中学生用**（平成 26 年度）

この1年間で、あてはまる、強い症状には◎、時々ある症状には○をつけさせた。

[　]内の数字は、先の数字が◎、後の数字が○の数（人数）を示す。回答者全員　687 名。

睡眠	寝つきが悪い［7%―23%］、早く目が覚める［5%―16%］、ぐっすり眠った気がしない［12%―33%］
考え事	なかなか考えられない、ボーとすることがある、決めるのに時間がかかる［12%―37%］、気になって仕方がないことがある［10%―32%］、悪い方に考えてしまう［11%―31%］、希望がない［3%―6%］、もう助からない［2%―3%］、将来の事は夢がない［5%―9%］、将来は考えられない［3%―8%］、これからいい事はないと思う［2%―5%］、死んだほうが楽と思う［4%―6%］、死にたくなる［3%―6%］、実際、死のうとした［1%―2%］、過去を後悔している［14%―27%］、できれば生まれ変わりたい［8%―15%］、何をしても何かしっくり来ない［3%―15%］、どうも自分が自分でないような気がする［3%―10%］
気持ち・意欲	いつも不安に感じる［5%―20%］、あれやこれやと気になり集中できない［4%―21%］、怒りっぽい［8%―20%］、楽しい気がしない、うっとうしい気分になる［3%―14%］、気分が沈む［4%―17%］、むなしい、しらけた気分になる［2%―10%］、自然に涙がでてくる［2%―8%］、好きな事もやる気がしない、していても面白くない［2%―5%］、全てのことにやる気が起きない［3%―13%］、いつもする楽しみ事もしたくない［0.4%―3%］、気まぐれ気分になる、やけくそ気分になる［3%―16%］、何か人に悪い事や迷惑をかけてしまったと思う、悪いのは自分だと思う［9%―23%］、誰かそばにいて欲しい・人恋しい［5%―14%］、淋しい［0.2%―8%］、一人でいたい・かまわれたくない［3%―12%］、自信がない［8%―22%］、他の人の勢いに負けてしまう［5%―16%）、私はダメな人間と思う・能力がない［7%―16%］、劣等感が強くなった［3%―7%］
行動	口数が減った［3%―10%］、声が小さくなった［3%―6%］、一人で部屋にいる［6%―14%］、外出しない、減った［5%―14%］、好きな事だけならしていられる［8%―16%］、好きなこと・勉強に集中しようと思うが集中できない［7%―19%］、しようとするが、ちょっとがんばるだけで疲れやすい［6%―18%）、自傷行為をした（何：　　　　　　）［0.5%―2%］、甘えん坊になった［0.7%―4%］、何でも聞く・質問したがる［4%―9%］、添い寝をしてもらいたい［0.7%―0.5%］
身体症状	あり［便秘・発熱・食欲低下・頭痛・腹痛・頻尿・夜尿・遺尿・その他（　　）］［5%―28%］、全くなし、ほとんどなし（ここのみ、集計では逆算して求めている）［15%―52%］
これからのこと	どうしていいかわからない［5%―12%］、今のままでよい［15%―29%］、何とか元に戻りたい［2%―5%］、カウンセリングを受けたい［0.3%―2%］、自分より〈親・家族・学校・友達・そのほか〉を何とかしてほしい［4%―6%］

［第Ⅰ部　第4章の文献］
［QU 検査の項に関する文献］

河村茂雄、田上不二夫『楽しい学校生活を送るためのアンケート　Q-U　中学・高校用　実施解釈ハンドブック』図書文化社、東京、2006。

河村茂雄、粕谷貴志、武蔵由香、小野寺正己『学級経営スーパーバイズ・ガイド　中学校編』NPO日本教育カウンセラー協会・編、図書文化社、東京、2004。

［自尊感情の項に関する文献］

足立　昇、川崎史人、平井浩明、吉田真一郎『人間関係を豊かにする授業実践プラン50』小学館、東京、1997。

Bennett l.A., Sorensen D.e., Forshay H. The application of self-esteem measures in a correctional setting: 1 Reliability of the scale and relationship to other measures. *Journal of Research in crime and elinquency*, 8, 1-9. 1971.

遠藤辰夫、井上祥治、蘭千尋『セルフエスティームの心理学──自己価値の探求』ナカニシヤ出版、京都、1992。

フランク・ゴーブル『マズローの心理学』小口忠彦・監訳、産能大学出版部、東京、1998。（原著：Frank G Goble. *The Third Force: The psychology of Abraham Mslow*. Thomas Jefferson Research Center, 1970.）

柏井美穂『中学生用自尊感情尺度標準化の試み──臨床場面における尺度の活用からの検討』武蔵野大学大学院、平成23年度修士論文、2012。

［健康症状チェックの項に関する文献］

傳田健三、賀古勇輝、佐々木幸哉、伊藤耕一、北川信樹、小山 司「小・中学生の抑うつ状態に関する調査──Birleson 自己記入式抑うつ評価尺度（DSRS-C）を用いて」『児童青年精神医学とその近接領域』45（5）424-436、2004。

佐藤　寛、永作　稔、上村佳代、石川満佐育、本田真大、松田侑子、石川信一、坂野雄二、新井邦二郎「一般児童における抑うつ症状の実態調査」『児童青年精神医学とその近接領域』47（1）57-68、2006。

長尾圭造、平井　香「学校訪問の精神保健活動を通じて、気分障害の早期発見を得る。モズレー病院／ロンドン大学児童青年精神医学専門研修」九州大学病院子どものこころ診療部・編、『九州大学病院セミナー集2013』、185-227。

第II部
現場での実践活動

　第II部では実際に取り組むことにより、生徒にどのような影響や効果を生じるかを紹介する。

　第5章ではこの活動に初めて取り組んだクラスの様子を示す。担任は事例検討会の結果を基に生徒の観察をていねいにはしたが、特段の積極的介入は行わなかったクラスである。

　第6章は、「学校メンタルヘルス活動の果たす問題予防効果」としたが、〈その1〉では担任が事例検討会の結果を基に、積極的にいろいろと生徒に働きかけたクラスの結果である。〈その2〉ではクラスの個々の生徒に対してだけではなく、クラス全体への働きかけを行った結果を示した。〈その3〉では、このところ関心の高い子どもの自殺予防に関して、この活動がどのような役割を果たすことができるのかを示した。

　第7章では、学校での取り組みは臨床的にみるとどのような意味があるのかを、学校で取り上げた事例でクリニック受診に至った例から見た。

　第8章では、活動のまとめと、これまでの経験の集積から学校での生徒の様子は、疫学的にはアンケート指標とどのように関連するかを示した。

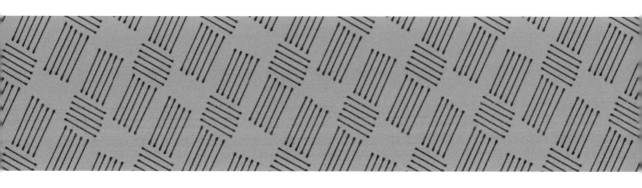

第5章

学校・担任・学年部教員が取り組む実践
——実際の学校での取り組み／クラス検討・症例検討会の進め方・流れ

ある中学校2年〇組での取り組みから実例を提示する——ライブ記録（1回目に2回目を追記録してある）

第1回目検討会

開催日：夏休み（N：長尾発言、T：担任発言）（やり取りなので会話文体もある）

なお、資料は図5-1の二つ以外にも、SE（自尊感情検査）、健康症状チェック検査の粗点も同時に見ながら進めている。また、このクラスの担任は1回目の検討会後、指標と検討会の結果を基にして、生徒に特段の誘導や働きかけといった積極的指導は行わなかったとのことである。したがって、生徒の自主性や成り行きに任せていた面が強い。そのような姿勢で生徒指導に臨めば、指標的に生徒はどのような変化をするかの一般的なモデルとなる経過を示している。

検討会スタート

N：生徒のアンケート結果の入力、お疲れさまでした。では、1回目の検討会を開催いたします。

(1) 1学期当初のクラスの生徒たちの様子、それに対して先生が立てられた指導指針・クラス目標を教えてください。

(2) 1学期の気になる生徒の様子をお知らせください。

T：(1) について。クラスの特徴。

男子が幼い。元気だが、じゃれあいをよくしている。

女子はおとなしい子が多い。全体の場では、自分の意見を言うことが少ない。

二人の男子で整理整頓のできない子がいる。そのためにイライラを募らせている男子生徒がいる。

T：クラス目標。男子、落ち着くこと。女子、発言して、お互いに認め、認めてもらうこと。

N：クラス全体としては、「クラスの居心地」は、QU検査から見るとほぼ全員が原点近くと満足群にいる。とても雰囲気のいいクラスのようです。

T：クラスの印象。リーダー格の男子がいない。女子の学力の高い子が、何らかの理由でクラスでの孤立感があり存在感が薄い、だが「孤高の存在」という訳でもない。

N：では、その予測の下に、個々の生徒の様子を見ていきましょう。

T：⑵について：気になる生徒。

KC1 男児

〈1回目〉

T：家庭は教育熱心。勉強を教えつけられている。自分で何をしたらいいのか考えられない。学習能力は低い。テニス部だが運動の能力は低い。

N：指標的には、QU検査で非承認群である。クラスでの承認感が乏しいと思っている。自尊感情（SE）：117点で平均内だがやや低めである。内容は自信、気楽さに欠けるが、家族関係は良好で、親の圧力はなさそうである。

N：本児への学校生活への対応策。QUでこのあたり（非承認群）にいる子を満足群に近づけるには「クラスでの認められ感」がいる。具体策として、特に目立った能力はないが先生の指示には従順であれば、今のクラスの「係り」に、新たに「ボランティア係り」を作る。この子と、もう一人クラスでの存在感がないと思っている子（男子でも女子でもいい）や、あと一〜二人健康度がよいと言える生徒（指標的にみてQU満足群、SE得点高い、健康症状チェック得点が低い）を入れる。そして、クラスでの困ったときに（例えば、係りの子が休む、今の係りにない仕事ができたとき、係りの子では負担が多いときなど）、先生が指示をして、「やれ」という。それが、2〜3カ月間続くと、他の生徒も彼らの存在と、彼らがクラスに役立っていることが分かる。なにかの機会に、先生が「このクラスはいいクラスだが、それを陰でさえてくれている子がいるからではないか」と、承認のきっかけとなる言葉かけをする。健康度の良い、いいコメントをしそうな子に発言を求め、させる。おそらく、いいことを言ってくれるので、その言葉が「クラスみんなの思い、意見になる」。そうすると、この子のクラスでの承認され感は、上がると思われる。この「ボランティア係り」や、「お助け隊」などは、中学校だけでなく、小学校でも低学年から、一般に使いやすい方法と思われる。

〈2回目〉

N：QUは非承認ながら改善。自尊感情127点で10点上昇。ややクラスでの居心地がよくなったようです。何かいいことがあったようです。友達か、特に役割を設けていないのならクラスの雰囲気が変わったのか。ご確認ください。

KC4 男児

〈1回目〉

T：空気が読めない。学力かなり低い。KC1と仲良し。たまに発言すると、笑われる。見当違いなので。

N：この子の方が、学力が低いにもかかわらず承認得点がKC1より高い。それは、彼の自尊感情の高さ（SE158点で＋1SD以上となり極めて高い）のためであろう。空気が読めないことが、クラスでの居心地に対しては、いい方に作用している。「空気の読めなさ」は、時に、楽天的なよさでもあるので、こうなる。今のところ、このままでいいのではないでしょうか。いずれ、自分のコミュニケーションのズレに気づくだろうと思いますが。

〈2回目〉

N：クラスでの居心地：侵害認知群になった。SEは変わりない。クラスの誰かに、何かを言われたのではないでしょうか。ご確認ください。**現実**は知らないといけないのですが、この生徒の被害的な受け止め方では苦しいです。本人には先生か、SCとの相談が必要です。

KC5 男児

〈1回目〉

T：気になるのは、怒りっぽい。1日、1回はかっかしている。告げ口が多い。手が出かかることも多い。口も攻撃的なことが多い。KC16に対して、ストレスを持っている。指標はQUは満足群。SE102点（p.33の自尊感情の結果の意味を参照）で全体の特性で低いが、特に自信なく劣等感が強い。健康症状45点ありうつ状態で、希死念慮3項目に◎を付けている。

N：人のことを気にはしているとのことだが、問題は自身のメンタルヘルス状態の悪さの反映であろう。それを責任転嫁というか、自身の問題と捉えられていない。

対応策としては、先生から、「人のことをかまうな。関心の対象を自分に向けるように」という方向が必要と思われる。希死念慮に関してはすぐに個人面接をして、「今はどうか、いつのことか」と聞いてみる。そうすると、自身の困り感を訴えるかもしれない。さらに、健康チェックで、「元の自分に戻りたい」としているので、話し出すと思われる。さらに「自分より、友達を何とかしてほしい」と書いているので、KC16のことは聞いてみて、「その友達の問題もあろうが、自分自身のことを考えることも大事」という風に伝えるのが、本人のためになるのではないか。

〈2回目〉

N：健康症状チェックが大きく改善されている（45→23点）。特に希死念慮が消えています。先生に聞いていただいたのが良かったと思います。その他の変化は乏しいですが。

KC16 男児

〈1回目〉

T：自分の身の回りの片付けができない。クラス行事の仕事は進んでやる。家族関係：母、弟の3人。父は単身赴任。母は難病を患い体調がよくない。母親は弟（小2、ADHD）に手がかかる。母や弟と喧嘩して家を出ていき、家の周りをウロウロしたり、近くの母の実家に行く。友達は面倒見のいい子が4人いる。指標はQUは不満足群。SE101で自尊感情の全体の特性で低いが、特に家族関係、対人関係が低い。健康症状検査は52点で高いが、希死念慮はない。

N：事情から見て、また家族関係から見て、家庭に期待はできない。学校での片付けは、先生の指導しかないのではないか。しかし、本人に心のゆとりはないので、素直に従える状況にはない。黙ってそっと手助けしてやることも有効か。友達がいるので、その友達がモデルになるといいのだが。期待できるような存在か、またそのような関係にあるかによる。この4人の友人に協力をしてもらうことができれば、ありがたい。いずれにせよ作戦がいる。立ててみてください。

〈2回目〉

N：すべての指標が、さらに悪化しています。この子は、支援が必要です。このままでは、何か事件を起こしかねないです。まずはSCに繋ぐ。それでも無理なら、学校としての支援体制を整えること（例：家族を含めて医療機関などと連携）が必要と思います。QUでは要支援群になり、健康症状チェックでは希死念慮が出現しています。クラスで一番リスクの高い生徒です。

KC34 女児

〈1回目〉

T：おとなしい子。頭痛をよく訴える。学力は高い。卓球部で頑張っている。友達はいない。一人で本を読んでいる。母子家庭。外出は母とするのでいい関係に見える。指標はQU要支援群。SE112でやや低い（後で図示）。特に家族関係の得点が低い。厳しい塾に行かされている。

N：指標的に見れば、目立って学力の高い子がここにいるのは不思議。可能性としては、本人の精神状態が悪くうつ病レベルであれば、過敏で、被害的に受け止め、自分だけで気負いこんで、ここ（要支援群）に来るような思いをしている可能性はある。しかし、健康症状チェックは8点で低いので、それも不思議である。家族関係も見かけと、内面は違うのかもしれない。あるいは、離婚した元家族を意識して答えたのかもしれない。このあたりは個別面接で聞くと明らかになり易い。指標的には、友達、クラス関係の乏しさが目立つので、ク

ラスの雰囲気を読みすぎているのかもしれない。感受性豊かな子なので。今のところ、個人病理か、クラス問題かが判断できない。先のクラス目標を立ててクラスの雰囲気が変わったときに、本人はどう答えるか。次回のアンケート結果が楽しみ。個人で問題を抱え込むために、指標が悪いのであれば、個人面接で、自分の現在と将来イメージを自問自答させることも、問題解決の糸口となるのではないか。

自尊感情検査（SE）の1回目と2回目の変化

表 5-1　調査

	年　　　組			クーパースミス　セルフエスティーム（自己肯定感）の調査																						
				A：自己の適切性																B：自己の不適切性					
出席番号	名前	性別	合計	現実回避				積極性好奇心			自己決定				遂行能力					ネガティブ思考			混乱		
1	34　1回目		112	1	5	43	49	4	24	36	9	25	31	33	18	20	40	42	47	*1	38	41	11	13	14
				◎	△	○	×	△	×	×	△	◎	○	△	○	◎	△	×	○	×	△	△	○	△	○
2																									
3	34　2回目		120	◎	△	○	△	△	△	△	△	△	○	△	△	○	△	△	△	△	△	○	△	○	○
4																									
5	変化の数			1				2			-2				0					1					-3

〈2回目〉

　N：この子は治りましたね。よかったです。気分変調症（ごく軽度のうつ状態）が自然寛解に至ったようです。知的に高い子は自己内面の観察力もよいので、変化がよく分かりました。楽になったようです。指標的にはQU満足群になりました。SE（112点→120点）、健康症状チェック検査（8点→3点）ともに、軽度改善している。

　うつ状態や不安状態は自然経過でも動揺し、よくなったり悪くなったりする。よくない状態のときに問題やトラブルなく過ごせる、過ぎさせることが生活や人生の安定に繋がる。その思いでよくないときを支え見守ることがとても大事である。

| | C：家族・対人関係 | | | | | | | | | | | | D：自己拒否 | | | | | | | E：自信・他者との比較 | | | | | | | | | |
| | 家族関係 | | | | | | | | 積極性 | | 幸福 | | 自己拒否・後悔 | | | | | | | 自信（または自己肥大） | | | | | | | 他者への劣等感・挫折 | | |
	19	37	48	6	23	30	35	46	10	34	17	21	3	7	8	15	26	27	32	2*	12	16*	22	28*	29*	39	44	45	50
	◎	○	○	×	×	×	×	×	×	×	×	×	×	◎	◎	△	△	○	◎	○	×	○	×	×	△	×	△	○	×	△
	○	△	△	△	×	△	△	○	△	△	△	△	○	◎	△	○	○	○	○	△	△	△	○	△	×	△	○	○	○
						5				2		2				-2							2					3	

　自尊感情検査（SE）の評価：家族・対人関係が＋9点と大きく改善した。この生徒が抱えていた問題は、気分変調症による母親との関係とクラスでの友人関係のようである。それが、解消したので、すべての指標が改善したと思われた。

　他の気になる生徒は、以下割愛した。

表 5-2　このクラスの 1 回目の「健康症状チェック」点数集計表

（左欄より名前から合計まで数字は記してない。ICD-10 うつは自動集計の結果。睡眠からこれからのこと欄の
1 文字は pp.50-51 の各項目の 1 文字目の文字を示す）

年組	健康症状チェック表																																										
出席番号	名前	性別	年齢	合計							ICD-10 うつ																睡眠			考え事											
				総得点	睡眠	考え方	気持ち・意欲	行動	身体症状	これからの事	基本症状数	一般症状数	抑うつ	興味消失	活動性減退	易疲労感	注意減退	自信低下	罪業感	悲観的見方	自傷	睡眠障害	食欲不振	不安	苦悩	激越	寝	早	ぐ	な	気	悪	希	も	将	将	こ	死	死	実
1										0	4					1		1	1		1						1					1								
2										0	3						1		1		1						1	1												
3										0	0																													

T：健康度のよい生徒。

QU14 女子

T：クラスの級長。クラスの子の信頼も高い。友達もいる。指標もよい。SE：145。

QU11 男児

T：いいのだが、他の生徒への抑えが利かない。協力する生徒はいる。

N：この生徒にどのような協力をお願いするかまでの議論は、1 回目では進まなかった。

女子の発言の乏しさは、この子（QU34 女児）の影響はないだろうか。しかし、女子の中に協力的な生徒が 2 ～ 3 人いるし、クラス全体としての居心地は、皆よさそうなので、担任主導で、上記目標に関するクラス目標を立ててしまって、子どもに実行させるのがよさそうである。

個々の子どもたちには、それに従える能力はあるし、協力的な健康度の高い生徒も男子にも数名いる。クラス方針に反抗的な子もいないように思われるから、2 学期の経過が楽しみでもある。

〈2 回目の検討会の要旨〉

指標変化から判ることですが、

(1) QU：結果から見ると、クラスの様子は、1 学期よりは少しだけまとまりのあるクラスになっています。学校生活意欲は 6 人に改善がみられており、いい傾向でした。

(2) 自尊感情：一学期同様、全体に低い子が少ないです。結果としてはいい結果です。気

気持ち・意欲																							行動											身体症状		これからのこと					○	◎
過	で	何	ど	い	あ	怒	楽	気	む	自	好	全	い	気	何	誰	淋	一	自	他	私	劣	口	声	一	外	好	好	し	自	甘	何	添	あ	全	ど	今	何	カ	自		
	1											1																							1		1					
	1																1																		1		1					
																																			1		1					

になるのは3名です。プロファイル上は、KC5の「自信のなさ、劣等感」が気になります。KC34の子は、全体としては上がったのですが、もう一歩幸福感がほしいところです。

(3) 健康症状チェック：全体としては、チェック項目が少ないクラスです。KC5、KC16など3人がよくないです。KC16は希死念慮にも丸をしているので心配です。KC5は希死念慮がなくなったのはよかったです。

ただし、指標変化を述べただけで、個々人のその変化のプロセスは先生の個別面接などによる情報がないと、判りません。

図5-1 QUのまとめ1回目（1学期）と図5-2 2回目（2学期）の比較
全体としてみると、大きな変化はない。

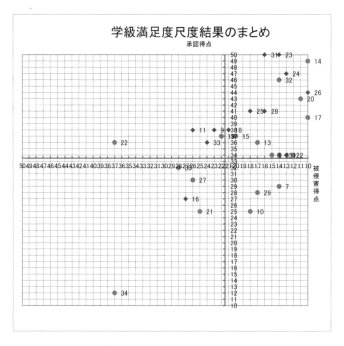

図5-1　QUのまとめ　1回目（1学期）

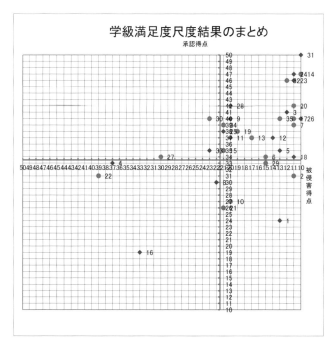

図5-2　QUのまとめ　2回目（2学期）

まとめ

⑴　先に示したが、担任のクラス運営は生徒に大きく働きかけることはなかった。特別な働きかけをしないと、特段の変化は起きない。

⑵　生徒の示した指標が、日常の行動や観察結果との間に大きな解離がなかったので、生徒理解は生徒の内面からも大まかには理解できたものとして、今後の様子の観察に役立てることとした。

以上、実際の流れを示した。

第6章

学校メンタルヘルス活動の果たす
問題予防効果

　ここでは、症例検討後、生徒に対する積極的働きかけをすることにより生徒に変化がみられた実例を、以下の順に従い、取り上げる。

　その1. 個人の生徒への効果
　(1) いじめ・嫌がらせの改善例の1例、(2) 気分変調症からうつ病エピソードへの予防例、(3) 登校不能状態の解消例
　その2. クラス・学校としての取り組みによる効果
　(1) この取り組みで見られるうつ病への予防効果、(2) 学校メンタルヘルス活動の登校不能状態への予防改善効果、(3) 学年崩壊（2クラスでの学級崩壊）防止対応
　その3. 特に、自殺予防効果について
　(1) 希死念慮・自殺企図生徒の自殺防止対応例、(2) 希死念慮・自傷行為のリスク要因、(3) この取り組みによる希死念慮・自殺企図の系統的対応による予防——である。

　先の「第2章　実際の流れと進め方」で述べたが、この学校メンタルヘルス活動は、ある一つの予防だけに焦点を当て、取り組んでいる活動ではない。学校での居心地のよさや望ましい学習環境を生徒に提供することが目的であるので、何かが予防できたとしても、それは一連の活動の一つの結果に過ぎない。
　このことを前提に、対応が有効であった具体例の一部を紹介する。

〈その1〉個人の生徒への効果

1. いじめ・嫌がらせ防止例の1例
（担任の説明）中学1年生、女子。クラス在籍生徒32人。

背　景

　彼女は軽度の知的障害を有し、特別支援学級籍に在籍していた。しかし、しゃべり方も見た目も全部が周りの子と同じで、知的障害があるということは周りの生徒はほとんど知らなかった。

　家庭状況：きょうだいが多く、姉を担任していたことがある。母親は苦情を訴えることがしばしばあり、例えば、クラス替えでうまくいかないことがあると電話を延々とかけてくることがあった。母親は気分の変動が激しそうで、長姉にはあたりがきつく虐待レベルまで叱る、次姉には過保護で、3女（本児）のことも過保護傾向であった。その下にあと二人子どもがいた。自宅はあるが、継父の持ち物であり、その継父に気を使って、母が子どもたちをワンボックスカーに乗せ、移動生活していた時期もあった。

クラスでの様子

　生徒は自分の身の回りのみだしなみがあまりできない。そのことに気を付けるように特別支援学級籍の担任からは聞いていたが、私自身が疎いのか、匂いまでは気にすることができなかった。具体的には、風呂に入っていない、シャツや靴下などの服がそのままのことがあった。女子の友達はおり、楽しそうに好きなアイドルの話などをしていたので、楽しそうに過ごしていていいなと思っていた。このため1回目の事例検討会では、アンケート指標が悪いにもかかわらず、見落としていた。他に困難事例が多かったこともあるが言い訳にならない。反省。

アンケート指標1回目

　(1) QU学級生活不満足群、QU学校生活意欲5軸は77点で平均的。(2) 自尊感情：合計点127点で平均的。しかしプロファイル上は自己決定傾向と自己主張面が低い。(3) 健康症状チェック：69点で著しく高い。希死念慮の3項目と自傷行為にも○印をつけている。カウンセリングも受けたいとしており、振り返れば、かなり苦しそうであった。

いじめ・嫌がらせ問題の発端

　彼女の友人がある日保健室に行った際に、養護教諭に、「この友人はみんなから避けられている」という訴えをした。その行動をしている男子の名前も教えてくれた。びっくりして、本人に話を聞いたところ、避けられているのだと教えてくれた。「つらかったが、先生に言うとお母さんに言われ、お母さんが学校に乗り込んでくるのが嫌だ」という話でした。お母さんには言わないが、そのような状況はいけないので、状況を確認し、指導すると約束した。

教室に行き、よく見ると、彼女が触ったプリントをつまんで持つようにしたり、机を触ったら相手に付けるしぐさをしたりして、いわゆる「ばい菌扱い」をしている様子が見られた。それを見つけた授業で（彼女本人は、特別支援学級の授業へ行っていていなかった）「クラスでいじめをしている人がいる。人のことを避けて、「ばい菌扱い」する行動をしている人がいるが、最低の行為だ。みんな同じ人間だし、自分がされたらどう思うか考えなさい。今すぐその行動を改めなさい。次にそのことを見かけたら許しません」と注意した。

　その放課後に、名前が挙がった男子6名全員を一人ずつ呼び出し、事情を聴いた。「今日の授業中に私はいじめの話をしたが、心当たりがありますか？　あったら話してください」と言い、話させました。男子14人中、関係していたのは6人だった。その中の1人が、この女児と席が近くなったときに、くさいと感じたことを周りの友人にもらし、広がっていったとのことであった。5人はすぐに反省し、悔い改めると約束した。

　しかし、中でも中心になっていた男子生徒の差別意識は深いようで、嫌がって何が悪いのかという態度をとった。学力も高く、周りの人たちからも人望がないこともない人物であったので、その考え方がとても心配になった（家では小さい妹がおり、よく面倒も見ていると母親がほめているような人柄）。この生徒には、特別支援学級担任からも個別で話をしてもらった。その教諭は、「このような差別につながる問題は、きつく指導しても変わらないので、理解するように話をしたほうがよい」とアドバイスをしてくれたので、叱るというよりは諭す方向で彼に話をしたが、本当に理解したのかは疑問である。

今後の対応法

　①このような心配もあり、残りの学級生活では彼女とこの人物は関わらないようにできるだけ遠ざけた。今でも何を考えているのよくわからない、気になる生徒の1人です。

　②彼女に対しては、特別支援学級担任は支援学級において、汚れている衣服、靴下があれば洗濯をしたり、ひどいようならシャワーを浴びさせてくれた。

　③彼女には、いじめがないか私とその教員で二日に一度は確認した。この指導以後、いじめが起こっている様子はなくなった。さらには彼女の友人からも話を聞き、大丈夫かの確認もした。

　④母親に対しては、約束通り、この件について話すことはなく、1年間が過ぎた。過激な態度で乗り込んでくることはなかった。

この件に関する反省

　彼女の健康症状アンケート結果は悪かったにもかかわらず、「実際に死のうとした」の欄に印をつけていなかったので、私は見落とした。そこに書いていなくても、希死念慮には印

していたのだから、話を聞くだけでもすればよかったと思った。翌学年は、その友人と同じクラスにした。変わらず支えてくれている。

アンケート結果の1回目と2回目の変化

(1) **QU学級生活**：不満足群から、満足群に改善した。学校生活意欲5軸は担任との関係が得点増加した。

(2) **自尊感情**：合計点127点から146点と19点増加した。プロファイル上は自己決定面が乏しかったが改善した。しかし、自己主張面は低いままであった。

(3) **健康症状チェック**：1回目の69点から、2回目は11点と著しく低下改善している。希死念慮の3項目中2項目の○印と、自傷行為の○印も消失した。この数値からも、苦しい状態から、著しく楽になった様子がうかがえる。

まとめ

担任たちの迅速な対応と適切な指導・配慮が、この生徒をいじめから救っただけでなく、うつ状態で自殺を考えていた精神状態からも救った。自殺予防例とも言える。クラスメイトの協力があったとはいえ、学校でしかできない見事な成果といえる。この子がクリニックに来ていても、こんなにいい結果にはできない。学校という集団での教育的指導の賜物である。私としては先生に感謝。

2. 気分変調症からうつ病エピソードの予防例

学校での様子

T：中学1年生、女子。学力はトップクラスで言動も模範的で、周りの困っている人を率先して助けてくれるような、いわゆる「いい子」である。クラスリーダーの一人。初心者としてバスケットボール部に入部したが、厳しい練習と周りとの差に苦しんだ。クラスメイトがやめたいと言ったときには、対応で抱え込む傾向があるので心配はしていた。その生徒がやめた後はすっきりと関係が切れ、身軽になったようである。

家庭生活

母親、生徒、2歳下の妹と3人家族（両親は離婚）で、しっかり者の「お姉ちゃん」的存在である。ところが、家では、母親に当たり、荒れていることがあり、家庭の事情でリストカットをすることがある。本人は高い感受性を有しており、希死念慮もあることから本人には大変なストレスがあるが、母親はこのことを知らない。

アンケート指標 1 回目

N：(1) QU 学級生活は満足群。QU 学校生活意欲は 5 軸とも高い。(2) 自尊感情：合計点 110 点でやや低い。プロファイル上はネガティブ志向で、何かが起きると物事に動じやすい混乱のしやすさが出ている。(3) 健康症状チェック：19 点でやや高い。

内容を詳細に見ると、ひとりで部屋にいる、気分が沈むに○印した。うつ状態の基本症状であるが程度は軽い。「自傷行為」に○印、「自分はダメだ、自信がない、誰かに迷惑をかけている、いつも不安、気になって仕方ないことがある」に◎印をしている。したがって、程度は軽いが、困り感は強い。このときの精神状態は、主観的には、クラス生活や学業は何とかやれてはいるが、全体に「どうも本調子ではないな」と思っている状態で、うつ病よりは軽度である、気分変調症という状態である。

この状態の経験者は将来うつ病になるリスクが、この年代でうつ病になった生徒と同じ程度に高いとされている。そのために、理解の高い子なので、また、将来、同様の状態に遭遇することもあるので、困ったときの対応法を教えておくことが将来の役に立つ。電話相談とか、SC の利用とか、精神的な社会資源の利用法（専門医療機関など）について教えるとよい。

自傷行為は犠牲が大きいので、担任への相談でもよい。親にあえて言う必要もないので、人には、秘密もいると言う。本人がアンケートに答えたので「聞く機会になったのでよかった」と、伝えることもいいのではないか。

担任の対応法

T：彼女に対しては、こまめな声掛けにより対応することとした。「困っていることはない？」「心配なことはない？」など声掛けをした。

この間に、学習面でも成果を挙げた。クラスの行事では指揮者に立候補し、結果は大きな評価を得た。生徒会役員にも立候補し大変活躍した。これらのことから自信はだんだんついてきたようである。抱え込んでしまうところがあるのが気がかりであるが、部活や勉強以外に打ち込むものがあるのはいいことだと思った。

アンケート指標 2 回目

N：(1) QU 学級生活は満足群。QU 学校生活意欲は高い。(2) 自尊感情：合計点 124 点で 14 点上がり、平均となった。プロファイルのネガティブ志向と混乱のしやすさも解消した。(3) 健康症状チェック：7 点で平均以下に下がった。自傷行為はなくなった。

この生徒はメンタルヘルス面が改善し復活したようである。家庭、部活問題からの影響で気分変調症の状態に陥ったのか、気分変調症状態が家庭、部活問題を重大なことと思わせたのかは、判らない。また、学習、指揮者、生徒会活動が気分変調症状態の改善に役立ったの

か、気分変調症状態の改善が活躍につながったのかも今回のエピソードだけでは、はっきりしない。いずれにせよ、いい結果につながったのでよかった。今回の経験が、本人の今後の内面の気付きや、今後の同様状態の対処法に役立てば、さらにいいのだが。

まとめ

気分変調症からうつ病エピソードに進むことは防げた。学校での活躍が進行の歯止めになったともいえる。その意味では予防できた。

3. 登校不能状態の解消例　中学 1 年、男子

本人特性

T：不登校の生徒で学力低い。家族構成：義父、母親、兄二人、生徒、義妹二人の 7 人。

家庭背景

家庭に問題あり、ゴミ屋敷の状態であり、猫を 10 匹ほど飼っている。悪臭をまとってくる。学校で洗濯をしているが、本人のためでもクラス環境を考えてものこと。母方祖母が手伝いに行ってる。家の環境のため、風邪や胃腸を壊しやすく、家族全員が病気だったこともある。5 日以上休んでいたときには家庭訪問をして安否を確認した。

長兄は不登校、低学力で中卒後就職した。次兄は学力あり積極性もあるが、兄同様に就職した。母親は、生徒に学校を休ませ、義妹二人の面倒を見させることもあった（3 つ上の兄、5 つ上の兄も同様だった）。一方で、母親は家のおやつや妹たちのお菓子を黙って食べてしまったり、お金を盗んでしまったりすることが理由で、この子には学校に行かせたいと思っている。というのも、この子、家ではずっとゲームをしている。母親は協力的ではある。

学校での様子：悪臭と猫の毛まみれの制服を着ていたが、避けられていじめられるということはなかった。しかしひどかったので、学校で猫の毛を取ったり、本人に「猫のおしっこをかけられないようなところに制服を置いておきなさい」と指導したりしている。学習には全く関心がなく、兄たち同様、卒業後は就職する予定。体育がイヤだとか色々な理由を付けて学校に来なかった。クラス帰属意識は低いようである。

アンケート指標 1 回目

N：(1) QU の学級生活満足度は非承認群、QU 学校生活意欲 5 軸とも極めて低い。(2) 自尊感情：合計点 103 点で低い。劣等感とネガティブ志向が強い。幸福感が低い。(3) 健康症状チェック：33 点で高い。希死念慮（死んだほうが楽と思う）に◎を付けている。「今の状態

を何とかして欲しい」に◎を付けている。これは本人からの SOS とみなせる。

　課題としては、この家庭を、誰が、どう支えるか。この子に対してはどうすべきか。個人病理と家庭環境の両面が厳しい。学校環境の問題ではないので、この状態はクラスの雰囲気がよくなっても変化に乏しいです。個別に対応する中で、糸口を見つけることか。ネグレクト状態によっては福祉機関との連携がいる。スクールソーシャルワーカーがおられれば相談するべきである。

　対応策としては①絶えず気に掛けること、②支えになっている生徒がいる。それで遅刻しながらも学校に来ていたといえる。

アンケート指標 2 回目

　N：(1) QU 非承認群、QU 学校生活意欲 5 軸とも極めて低く、1 回目との変化がない。(2) 自尊感情：合計点 103 点で低く、前回と同じ。(3) 健康症状チェック：10 点で 33 点より大きく減じた。

　指標的には、うつ指標が減じたので、気分的には楽になったと思われ、友達もいて登校しやすいようである。しかし、前回同様、希死念慮に 1 カ所○印を付けている。この子には優しい保護的なかかわりがいいです。学校に継続的に登校できていることは、うれしいことである。当分、絶えず、サポートはいると思います。

まとめ

　家族病理プラス家庭風土文化による登校不能状態（不登校）は、この一連の学校メンタルヘルス活動の取り組みでは改善は無理です。限界がある。他分野との連携を早急にとることで、少しでもサポートにつなげたい。

さいごに

　ここで取り上げた 3 例は同じ学年の同じクラスであった。さらに問題のある生徒が 4 名いた。表はその 7 名の結果である。最終欄の「対応なしと仮定すれば」は、何も対応をしないときに想定される予後を示している。したがって、クラスとしてはさらに孤立、不登校・うつ病、自殺・うつ病、不登校・うつ病のリスクを防いだことになる。

表 6-1　7 例のまとめ

背景				気になる問題点・出来事	初回検討会	介入法	結果 QUクラス	QU 学校意欲	QU5軸（上：1回目 下：2回目）
席次	性別	学校外	学校内		指摘点	効果要因	（説明 pp.64-70）	1回目→2回目	友、学、級、進
23 事例1	女	ネグレクト疑	特別支援・カウンセリング希望	男子からのいじめ・排除	見逃し	クラス問題とした	不満足⇒満足	77→91	15、15、12、17、15
		希死念慮				特別支援担任協力		教員＋8	18、15.20、19、19、
6	男	過保護	自己中心的、自己顕示的	集団からの孤立傾向	自己肥大	マラソン1位	侵害認知⇒満足	65→96	20、18、16、4、7
		被害的		少数の友達はいる	担任への甘え	リレー活躍		教員＋2	20、20、18、18、20
7 事例4	女	反抗的	騒ぐ、明るく楽しい子	家族関係	感情調整低下	母親支援	満足⇒不満足	89→79	20、13、19、19、18
		厳しい躾	生意気、希死念慮	個人病理（能力）	知的能力低い	担任面接介入		教員＋0	20、6、19、19、17
28 事例2	女	両親離婚した	学力高い、室長、しっかり者	リストカット	気分変調症	社会資源利用法	満足⇒満足	90→87	19、19、16、19、17
		家庭での荒れ				合唱指揮者をした		教員＋2	19、16、18、16、18
3 事例3	男	放任家庭、猫屋敷	学力低い、悪臭	不登校	うつ状態	学校で洗濯	非承認⇒非承認	28→28	9、4、4、7、4
		盗み	希死念慮		担任維持	保護的関わり		教員＋0	4、4、4、4、12
31	女	弟双子を含め4人	面倒見の良い子、気の付く子	ベランダからの飛び降り	友人維持	担任面接介入	不満足⇒満足	50→55	14、15、9、8、4
		希死念慮、自傷行為、積極性ある			担任維持	担任維持		教員＋3	19、10、12、10、4
16	女	家族関係良好	クラブでのトラウマ、希死念慮	カウンセリング希望	個人病理	クラブ退部	不満足⇒不満足	80→86	9、17、19、17、18
			自傷行為、不機嫌、多訴		うつ状態	担任面接介入		教員－6	20、15、13、18、20

表6-1

席次	性別	自尊感情1回目→2回目（説明 pp.64-70）合計得点	プロファイル（上：1回目、下：2回目）	健康症状（pp.64-70）点数（少ないほうが良い）	内容	総合結果	経過の主要心理 メカニズム	対応なしと仮定すれば
23	女	127 → 146	自己決定・改善 自己主張・低値	69 → 11	消失	◎ 集団効果	名誉回復 クラス対応	不登校
6	男	147 → 120	全体に平均値に 肥大化・改善	7 → 5	問題なし	◎ 自己解決	本人の克服感	孤立
7	女	97 → 92	全体低値のまま ネガティブ思考強い	37 → 15	程度 軽減	△	学習回避し、うつ状態軽減	不登校 うつ病
28	女	110 → 124	ネガティブ志向、混乱が解消した	19 → 7	軽減	◎ 集団効果	存在感獲得	気分変調症
3	男	103 → 103	ネガティブ思考、劣等感、持続	33 → 10	程度 軽減	○ 保護	安堵感を持つ	非行
31	女	96 → 109	ネガティブ思考、気楽さ、改善	49 → 36	希死感持続 も軽減	○ 支持的	担任支援効果	自殺 うつ病
16	女	114 → 110	自信、劣等感、後悔が目立つ。変化なし	39 → 28	希死感持続 も軽減	△〜— 変化乏	友人関係改善	不登校 うつ病

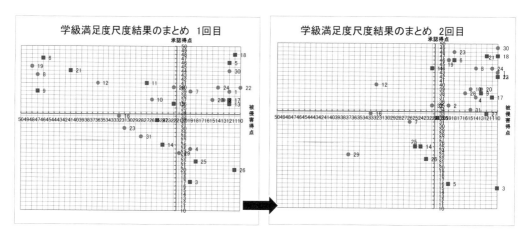

図6-1 対応結果によるクラスの居心地の変化（検査1回目と2回目の比較）

結果は良好群の満足群への右方変移が著しい。

　図6-1は1回目と2回目のこのクラスのQU検査の変化を示しているが、個々の生徒への対応は、クラス全体にも影響を及ぼした。全体に大きく右に動き、上に動いている。満足群が増え、侵害認知群が減っている。

〈その2〉 クラス・学校としての取り組みによる効果

1. この取り組みで見られるうつ病への予防効果

この10年あまりの学校メンタルヘルスへの取り組みから、うつ病予防への取り組みを考える。「健康症状チェック」で述べたように中学生のうつ症状の年間有症状率は高く、うつ病の年間有病率も8%である。「死ぬことを考えたことがある」「死んだ方が楽と思う」「実際死のうとした」「自傷行為をした」とする生徒は約10%弱である。

これらの事実から、どのような予防的取り組みが可能であろうか。

(1) まず最初に望まれることは、この事実を保護者と教育関係者が知ることではないだろうか。それが子どもの本当の内面理解につながり、子どものメンタルヘルス対応につながる。ところが小学生と中学生の場合、このアンケートは、その結果を担任だけしか知らないという条件で実施している。その理由は全体の結果を公表した場合、保護者は自分の子どものことを心配し、「どのようにつけた」と聞きそうなことである。子どもは親に心配をかけたくない、知られたくない思いから、本当のこと言わない。これでは守秘義務は保たれず、信頼関係はできない。

教育関係者についてはどうか。担任は結果を知り、「おとなしい子と思っていたがそうではなく、アンケート結果（特に自尊感情と健康症状検査）からは、意見も言えない状態であったのか」などと言われることがよくあるので、生徒理解につながることが多い。また、このようなアプローチ全体が子ども理解につながったとする教員が80%を超している。このため教員の生徒への働きかけは十分に期待できる。したがって、学校現場では、受け入れられるアプローチ法と思われた（長尾ら，2010）。

以上二つのことから、学校で分かったことを、保護者にうまく伝え、理解してもらうことである。そのため、保護者には、学校での様子を、「時に元気のないようすがあり、心配です。以前の学校では、似たような子が、うつ病の始まりだったことがあります。家でも注意して様子を見ておいてください」と伝えてもらうことにしている。保護者は子どもの様子を理解でき、学校のこのような姿勢を歓迎すると思われた。

(2) 次に望まれることは、子ども自身が、自分の内面に関して、よく知ることである。今の自分の精神状態が、どのような状態にあるのかを知る態度を身につけることで、内面志向的で内省的な態度が身につく。

これに関しては、この取り組み自体を生徒はどのように感じているかのアンケート調査も別にした。その結果を表6-1に示す。

中学生ではアンケートすることで、「自分のことを考える機会になった」「自分のことがよく判った」とする生徒は、それぞれ62%、53%となったので、アンケートの実施自体が、

内面志向への有効な手段と思われる（長尾，2016）。さらに詳しく見ると、肯定的な回答をした生徒はハイリスクにない生徒で、ハイリスク生徒は（アンケートしても）変わりないと否定的な回答をする傾向があった。ハイリスク状態では内面志向的に考えることさえ、難しいと思われる。

　このことは、アンケートを実施することにより、いい状態の生徒には内面探索に役立ち、そのゆとりのない生徒には、担任の先生がその生徒のハイリスクな内面状態がよくわかるということになり、まさに全員に役立つ方策といえそうである。

　3年間、継続的に取り組むことにより、生徒は自分のチェック内容の変化に気が付き、自身の現在の精神状態を内省しやすくなる。このような態度は、将来の自己内面への気付きを強めることに繋がりそうである。

　中学生では、生徒のアンケート結果を「担任が知っているだけでいい」とする生徒が77％いた。一方、結果を知りたい生徒は20％であった。先生と生徒の信頼関係としては健全な状態と思われた。（ちなみに高校生では担任に知られたくないと言う意見が多いために、保健室の養護教諭だけが知るという前提で行っている。また、その際自分の結果を知りたい生徒は6割前後となり、高くなる）。中学生では、全体の中での自分の立ち位置には、高校生に比べまだ関心が乏しいと言える。

表6–2　アンケートの感想について　これにも回答をしてください。

1．アンケートをすることで、自分のことを考えることができた 　　（1. 大いに［16.7％］　2. 少し［45.5％］　3. 変わりない［36.8％］　4. その他［1.0％］）
2．アンケートをしてみて、自分のことがよく分かった 　　（1. 大いに［13.9％］　2. 少し　［38.8％］　3. 変わりない［45.5％］　4. その他［1.8％］）
3．このアンケートは、親が知らないので、答えやすい 　　（1. そう思う［25.2％］　2. どちらでもない［52.3％］　3. 思わない［22.2％］）
4．アンケートの自分の結果を教えてほしいと思う 　　（1. 思う［20.1％］　2. どちらでもよい［54.1％］　3. いらない［25.7％］）
5．このアンケート結果は担任の先生だけが知っているので、それで十分と思う 　　（1. 思う［77.2％］　2. 思わない［18.6％］　3. その他の意見［4.2％］）
6．クラスや学年など、全体の傾向も知りたいので、出来る範囲で公表してほしい 　　（1. そう思う［9.9％］　2. どちらでもよい［51.0％］　3. そう思わない［39.1％］）
7．みんなが全体のことを考える機会になるので、公表した方がよい 　　（1. そう思う［8.9％］　2. どちらでもよい［54.7％］　3. そう思わない［36.4％］）

対象数：中学生1,090人。有効回答数：910人。回答は％で示した。

2. 学校メンタルヘルス活動の登校不能状態への予防改善効果

ここでは学校生活全体への変化を知るために、学校として従来から行っている「学校生活満足度調査」を検討した。この調査は、時に生徒や保護者への質問項目が時により変えられるので、変更されていない項目を対象に比較検討した。その結果、登校不能状態への予防効果があると思われたので報告する。

対象校

対象にしたのはこれまで5年間にわたり全校生徒に対してこの取り組みを続けてきた三重県下のB中学校である。この学校は小学校と中学校校区が同じで、主な人間関係が9年間以上続くことが多い地域である。生徒数は3学年で約150人の小規模校である。

結　果

(1) 学校が生徒、保護者に行った調査について見た。平成18年度から全生徒と保護者に学校生活に関するアンケート調査を続けている。これらには、学校生活の様子、先生に対する思い、家庭での学習の様子などが含まれている。

その結果を、図6-2から図6-11に示す。これらの結果の特徴は、学校生活のうち「学校生活は楽しい」「目標を持って学校生活を送っている」「授業内容をほぼ理解している」といった生徒主体の行動は大きな変化が見られない。一方、「先生は生徒を公平に評価している」「先生は学力をつけようとしている」「先生はあなたのことを理解してくれている」「先生は決まりなど同じように指導している」「部活動が充実している」（クラブは全員入部義務があり、先生が指導する）といった教員に関する評価は右肩上がりで、特にこの3年間その傾向がみられる。また図6-11地域活動はこの3年間やや右肩下がりに見える。メンタルヘルスかさ上げ活動が、生徒たちには、このように見えているのであろう。

(2) 次に不登校生徒の動向をみた。文部科学省の年間30日以上という不登校の基準に達する生徒数は、平成18年よりほぼ年間6人で推移している。全国平均が約30人に1人であるから、特に多いとは言えない。次に、この登校不能状態の生徒の欠席日数を調べた。図6-12に示すように登校不能期間が短くなっている。

考　察

この活動を教員の立場から見ると、次のように考えられる。学校として大きな全般的な教育指針が立てられる。それを前提に各担任や関係教員が生徒たちを指導する。メンタルヘルスかさ上げ活動は、その際に、クラスの様子や病理、生徒の個人の内面やその病理を浮き彫

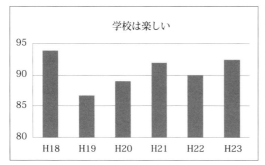

図 6-2

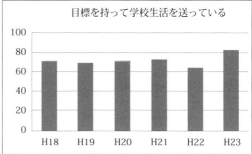

図 6-3

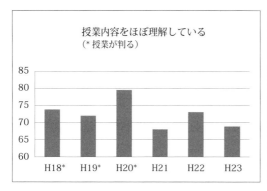

図 6-4

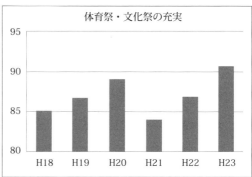

図 6-5

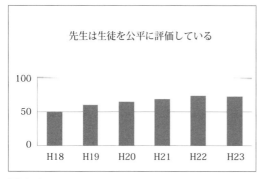

図 6-6

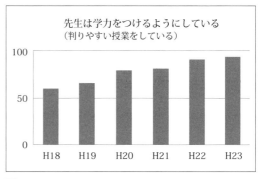

図 6-7

りにさせる。このために、先生にとっては指導が一律の教条主義的対応から脱しやすくなり、内面の理解をした上での個別指導をよりしやすくなる。

　一方、生徒の意識から見ると、QUテストの学校生活意欲プロフィールでは、友人との関係、学習意欲、教員との関係、学級との関係、進路意識の5軸から見るが、それを全国平均と比べてみると、このクラスの結果はいずれも全国平均の上限を越し、特に教員との関係は

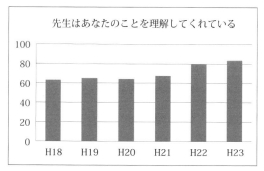

図 6-8

図 6-9

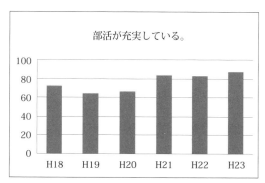

図 6-10

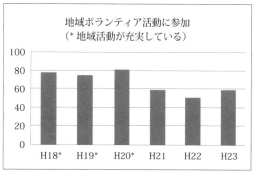

図 6-11

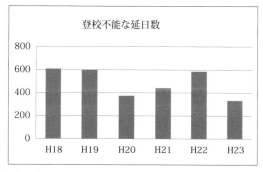

図 6-12

大きく上回っていて良好であった。

　この二つの事実と、結果で得られた生徒が先生を見る目（公平に評価してくれる、生徒を理解してくれる、同じように指導する等）を考え合わせると、先生の生徒一人一人を理解する態度が、生徒には公平で、生徒を理解しようとする態度に映ることになる。

　これを教員の立場から見ると、授業のやり易いクラスであり、その生徒のもてる能力を発

揮させることができることになる。この学校では、メンタルヘルス活動の一番の効果は学力の向上ではないかと言う。このところ、この学校からは、市内の有力進学校への合格者が、実数の提示はできないが、次第に増えているとのことであった。

3. 学年崩壊（2クラスでの学級崩壊）防止対応

学年崩壊寸前の静かな荒れからの立ち直り──中学校の場合

はじめに

　小学校時代に男児の仲間関係が2～3分し、違う集団同士では道であっても挨拶さえしないというこじれた関係になった。その関係の悪さが2～3年間続いているため、保護者や地域でもよく知られていた。この子どもたちに中学校入学を機会に、人間関係を再度通常の関係にリセットさせるためにメンタルヘルスの視点から対応した経過と、その改善効果を示す。

方法と対象

　地域特性：C中学校は、在籍生徒数約135名のやや小規模校である。この地域は古くからの漁港町で、三角州のため川で周囲から地理的に離れた集落である。このため子どもの生活環境としては、閉鎖的な環境、固定的な人間関係がある。地域特性としては、持ち家比率が高く、高齢化率が高く、離婚率が高いという特性を持ち、今後のわが国の将来を映しているようなところのある地域である。

背　景

　地元では小学校と中学校が同じ校区となる。平成18年4月、小学校時代に地域での人間関係が崩壊したといえる学年が入学してきた。この学年の男子生徒は学校内外で、小学生4年生ころより、2～3人の問題行動を起こす子どもたちに、翻弄されていた。ある子は、他の子どもにけしかけ、他児の持ち物（筆箱など）を取って来いとか、「パンツ降ろしゲーム」と言い他の児童に命じてさせる、「人質ごっこ」と言いナイフを持ち他の子どもを追いかけることがあった。さらに「ナイフで刺して来い」と言われたり、「殴って来い」と言われたりし、実際にそうしたため、大きな問題になった。子どもたちのグループは大きくは2分し、敵対していった。6年生にはクラス替えがあったが、そのとき敵対していた相手の子と話すと、「裏切り者・絶交」という言葉がはやるくらい関係はこじれ慢性固定化していた。これに巻き込まれた子どもたちはトラウマを負っている。地域では敵と思う相手の子の妹にまで干渉するなど、広がりを見せていた。加えて、授業をかき乱す子もおり、一時は授業も

成り立たないクラスがあった。集団生活の規律を守らない子もおり、授業参観でも落ち着きがみられなかった。小学校は熱心に取り組まれたようであるが、沈静化はしたものの、子どもたちの関係修復には至っていない。このために区域外の学校に入学した生徒もいる。保護者は知ってはいたが、当時、話し合える関係にはなかった。この学年が、中学生として入学して来た。この学年に対して、新たな気持ちで中学生活を送らせるということが、最大の課題であった。

現　況

　この学年は2クラス構成である。個人的には明るく前向きな生徒が多く、授業や学活での雰囲気はよい。しかし男子では内面での自己肯定感が低い。たとえば、生徒に書かせた「意欲的な学習に取り組んでいるか？　学習生活を見直そう」の15項目（うち12項目が質問項目の自己評価、3項目が自由記述）では、自己評価の低い生徒が多く、自由記述では、頑張ると書くより、「何々ができない」「しても一緒」といった低い否定的な自己評価、将来性の見られない内容が多かった。

　生徒同士の人間関係は、小学校のころからの人間関係を基にした小グループに固定化し、希薄で、挨拶さえ交わすことができない。しかし、派閥化されたグループ同士は、牽制し合うことはあっても攻撃はしないので、問題が表面化することはない。例えば男児23名中サッカークラブに11人が入部したが、ボールのパスは仲間内でしか回さない。顧問が違うグループ同士を組ませると、一言も声を掛け合うことなく黙ったまま練習を行う。ランダムなパス交換では、必ず先輩やどのグループにも属していないフリーな立場の同級生を経由してしか相手のグループの生徒にパスが渡らない。クラス内での些細なトラブルとして象徴的であったのは、定規を忘れた生徒がいたので、後ろの生徒に先生が「貸してあげて」といった際に、拒否されたことがあった。その生徒は貸すことが嫌なのではなく、自分の定規を教員が相手に差し出したら、相手がきっと「汚い」と言って、借りることを拒否するであろうと予測したための拒否であった。相互に牽制的な人間関係の冷戦状態を形成していた。

　多くの生徒は、こういった人間関係を問題視して取り上げることもない。しかし一部の男子でグループに属さない生徒や、女子はこの状況を変えていこうと考え、「橋渡し役」をする生徒もいる。

学校の指針

　学校としては、この学年の生徒に対して、子どもの人間関係を再度健康な状態にリセットさせたい。そのため、学校の教育目標「生命及び人権の尊重を基盤として、心豊かな調和の取れた人間の育成」に合わせた対応として人間関係のリセットを計画した。

評価、対応内容と結果

(1) 1年目：1学年での取り組み

メンタルヘルス計画は、その都度の生徒の反応を見ながら、段階的にプログラムを設定する柔軟な対処方法とした。具体的なプログラムの実施に当たっては、河村らの学級ソーシャルスキルの方法を参考に、適宜変更を加えて、実施に用いた（河村ら，2008）。

1) クラスの構造・編成：この学年は2クラスある。入学時にあった大きなグループは半分に分け、小さなグループはそのままのまとまりのクラス編成をした。

2) 担任から見たクラスの印象とベースラインの設定、および目標の設定：これまでの子どもの人間関係から、その固定した観念に縛られ、お互いを理解しようとできない生徒が男子に多い。かつ相互関係の態度は極めて抑制的である。そこで、目標の設定は、「周りの人的環境を肯定的に捉える課題」とした。

3) クラス内での実行課題（枠組み設定のある自己表現機会とコミュニケーションを作り出すこと）

a. 日常活動（年間）

①「朝の会」で、毎日、その日の連絡などをクイズ形式にして、生徒に挙手させ発言する積極的行動の機会を持たせた。

②小テストの前でも、「昨日はどれくらい勉強しましたか」「好きな色は何ですか」などの中性的会話を隣同士でさせるペア活動、時には班内でテンポのあるパターン化した会話をさせた。その内容には、「褒めるコメント」を返すことも含めて、習慣付けた。

③「帰りの会」では、班メンバーの机を、隙間なくくっつけ合い、その日の反省をさせたが、「その日のよいところ探し」を記入させ、班長が発表する活動を取り入れた。

④「自分を振り返ろうシート」の活用を、年に6回実施した。それは自分の行動を見直す機会であるが、反省以外に、自分の頑張ったこと、他の生徒の頑張ったことやそれに対するコメントを書かせた。

b. 授業での取り組み：2クラスともそれぞれの取り組みをした。

1学期：3時間。授業目標は、テーマを「自分の心を豊かな心に近づけるには」とし、狙いは、

①豊かな心の人について、各人が表情・行動・考え・性格・必要なことについて述べ、ひとつの共通イメージを作ることを進める

②個々の生徒の「よいところ探し」を行う

③それらを基に、人間関係の実行可能な目標設定を行う授業目標を、生徒とともに授業の場で立てた。

結果：この結果は、各生徒は熱心に取り組み、あるべき人間像（社会が期待する規範的人間像）の共通イメージ作りは成功した。そこで具体的な目標設定では、「誰にでも挨拶をする」ということにしたところ、「そんなことできない」と、その場で驚き・困惑の声を出す生徒も多数に見られた。筆者はこの授業を見学参観していたが、この学年のトラウマが大きく残遺している様子が伺われた。この結果から、今後は、トラウマ解決をも配慮に入れたアプローチが必要と思われた。

2学期：2時間。授業目標は「相手の意見を尊重して聞く態度と、自分の考えを粘り強く伝える姿勢」とした。

結果：結果は、「ふりかえりシート」からは、全員が、相手の考えや、自分が気付いたことが述べられていた。印象的な授業であったといえる。子どもの様子からは、成長した様子が見られた。

3学期：クラスの雰囲気とベースライン：全体がずいぶんと落ち着き、些細ないざこざが少なくなり、周囲への様子を配慮することがある、他者への関心、理解が持てるようになってきている。男子はまだ幼い感じがあり、女子は大人っぽい印象がある。

授業目標は題材を「自分を見つめよう」としたディスカッションで「いのち・人生」をテーマとし、2時間とした。

結果：結果は、態度としては、生徒が熱心に取り組んだこと、これまでの授業経過から次第に、生徒の方からの積極的発言が増えたことであった。その内容は、「いのち」に真摯に向き合う生徒が多かった。その後、1クラスでは3名の生徒から、この類のTVドラマや書物のあることを、担任に報告したり、取り上げることを勧めてきたことである。また、「自分を振り返ろうシート」の自問自答の形であるが、生徒が内面を吐露する機会が増えてきたことが変化であった。

⑵ 2年目：第2学年での取り組み

ベースライン：1年間の取り組みにより、必要なコミュニケーションはとれるようになった。しかし、その方法や態度は拙劣であったので、コミュニケーションスキル・トレーニングを実施した。その具体的トレーニング内容は以下の4点である。

1）ライフスキル（キャッチボールを通して）：①相手が受けやすいボールを投げる、②ボール投げの相手の数を増やしつつ、キャッチボールを続ける。この方法から、通常の人と人とのコミュニケーションにおいても、同じことが言えることを学ぶ。2）ロールプレイ（給食）：配膳時の役割で、仕事が面倒な生徒と楽な生徒の会話から、相手を理解する。3）相手の理解（うつで休んでいるE君の本人と保護者のクラスへの手紙から、困難を抱えた人への理解や共感を深めた。4）この学年の役割である文化祭や生徒会立会演説会への、準備や実行への取り組み

から役割分担を学ばせた。

結果：学習課題に取り組む姿勢は十分であったこと、他者とのコミュニケーションを実際に取る方法が、学習で学んだことを取り入れていたこと、相手の立場について考えることをするようになったことが、その取り組み態度からうかがわれた。

(3) 3年目：第3学年での取り組み

課題は、1）これまで築いた関係の維持継続のための、毎日、「帰りの会」での1分間スピーチ、2）外国籍生徒の転入に伴い、異文化と共存してゆく方法を K-J 法で取り組ませた。3）最上級生としての役割の発揮（団体競技は縦型チーム対抗の形態を取るが、その責任学年者としての役割の発揮など）、4）卒業・進学に向けて、同じ課題を持つ仲間としての支え合い（私の紹介カードを利用）、5）個々人の進路への取り組みを課題とした。

結果：1）は取り組み出して5カ月で、皆の前ではっきりと将来の進路を語る生徒が増えた。2）〜5）については、個々の生徒による課題の差はあるが、生徒個人の持つ能力を発揮できていた。

(4) 指標による生徒の変化：QU アンケート（河村, 2006）の実施

QU アンケートは、学校生活における個々の生徒における意欲や満足度（学校生活意欲尺度）と、学級集団の状態（学級満足度尺度）を把握するための尺度で、生徒が質問紙のアンケートに答え測定できる。学校生活意欲尺度には、友達関係、学習意欲、教員との関係、学級との関係の項目があり、学級満足度尺度には、承認（友達や教員から認められているか）と被侵害（不適応感やいじめ・嫌がらせを受けているか）に関する項目がある。

この QU アンケートを、初回は1年生の9月19日に実施した。その後、1年に2回経過を知るために実施し、計5回実施した。

結果は、図6-13〜15に示した。男児生徒については、1年生の不満足群（第3象限）が多く、満足群（第1象限）が少なかったが、2年生の5月では承認、被侵害群とも有意な改善を示していた。女子は、全国平均との著しい差がなかった。男子生徒と女子生徒の比較では、女子生徒は男子生徒に比べ、全体的に学校満足群が高かった。男女の合計では、承認、被侵害とも有意に改善したといえる（図6-15）。

1回目と2回目の比較：承認　P = .018　被侵害 P = .025　で有意差あり。
2回目と3回目の比較：承認　P = .064　被侵害 P = NS　で有意差なく、効果維持できている。

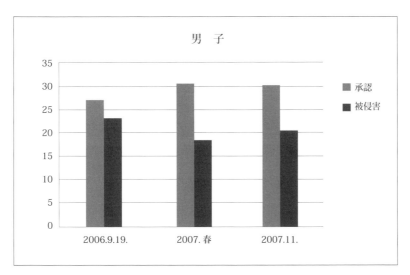

図 6-13　男子生徒の3期比率

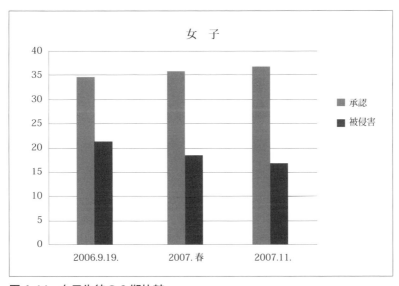

図 6-14　女子生徒の3期比較

女子は、1回目、2回目、3回目での有意差はない。

第6章　学校メンタルヘルス活動の果たす問題予防効果

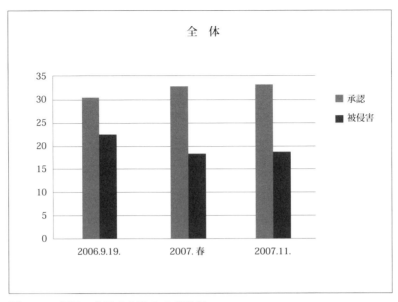

図6-15　男子・女子の合計の3期比較

1回目と2回目の比較：承認　P = .047　被侵害P = .028　で有意差あり。
2回目と3回目の比較：有意差なく、効果維持できている。

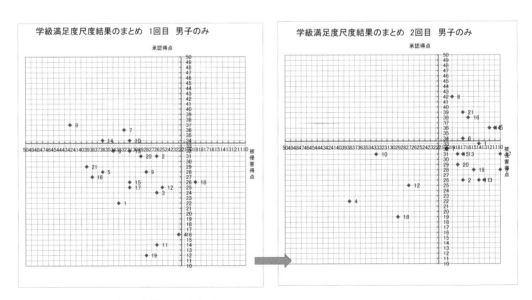

図6-16　学級満足度尺度結果のまとめ

1回目は満足群がいなかったが、2回目は6名になった。
不満足群が大きく減り、全体に右方、上方に偏位改善している。

個人のクラスの居心地としては、2回目では満足群が増えた。不満足群が減った。侵害認知群はいない。

(5) 結論：生徒間の力動性について

3年間における学校生活では、生徒同士での交流は可能であり自然に振る舞っている様子が窺えた。しかし、地域生活では、元のグループの仲間関係は変わるに至らなかった。

コメント

学校メンタルヘルス活動の目標は、1. 児童・生徒全員の精神的健康度のかさ上げと、2. 問題行動や存在する困難の解決である。ここではC中学校においては、後者のほうになった。

学年の最初から、目標設定を明らかにし、継続的に取り組んだ結果、図で示したように、男子において改善が顕著であった。このことから、地域問題を、学校においてでも、解決できることを示せた。

一方、これを進めるには、メンタルヘルスの視点から児童・生徒を見る、クラス・学校を見るという視点・能力が必要である。これには、児童精神科医がグループダイナミクスの理解や、学校現場を知る必要がある。子どもたちがトラウマを抱えることなく、通常の年代の精神的課題に取り組ませるには、こつこつとやり続けるしかない。

学年や授業目標の設定、担任などへの指導にはメンタルヘルスの視点、一般精神医学と児童精神科医の能力に加え、集団力の理解や学校現場を知る必要がある。発表時、会場からの「学校医として取り組んだのか」という質問に、依頼されたので関わったとしたが、このような人間関係のこじれは今後どこでも起きうることであり、学校医として児童精神科医が必要ではないか。

注：この項は「第40回全国学校医学校保健大会　報告集」日本医師会・編（2009）より一部転載。
　　この活動を実行された津市教育委員会：佐藤敏史先生、伊藤祐美子先生に深謝いたします。

〈その3〉特に、自殺予防効果について

はじめに自殺、自殺企図についての予備知識を整理する。わが国の20歳以下の自殺（既遂）率は10万人当たり1.5〜2.5人（年間約600人）である。内訳は、小学生約9人、中学生約75人、高校生約220人、それ以外の未成年約300人である（内閣府・警察庁、2014）。この30数年を見ると総数に変わりはない。しかし、子どもの数が減少していることを配慮する

とやや増加傾向にある（長尾，2016）。この現実を重く受け止めることが重要である。理由は予防が可能であるからである。

　自殺企図につながる質問項目の中学生における年間症状保有率は「死んだほうが楽と思う（◎2－4％、○6－8％）、死にたくなる（◎2－3％、○5－6％）、実際、死のうとした（◎0.8－1％、○2％）」であった（◎印・強く思う、○印・時々あった）（本書 pp.50-51）。この現実も重く受け止めることが重要である。理由は対応可能だからである。

　自殺の治療は予防しかない。しかし予防効率は悪い。理由は、誰しも「死」について考える。しかし、自殺について考える青年はそのうちの10人に1人、そのうちの10人に1人が自殺を企図し、そのうちの10人に1人が自殺未遂となり、そのうちの10人に1人が既遂者になるとされる。予防焦点をどこにあてるかが難しい。また自殺既遂者は10代から自殺未遂を重ね、繰り返しているうちに既遂となる。したがって、10代の自殺予防は後の自殺予防にもつながる大事な対応策である。

　予防は学校以外でもできる。自殺は報道により影響を受けるので、WHO は自殺防止（何をすべきかの6個条としてはいけないことの6箇条）をメディアに要請している（WHO，2008）。わが国では1986年と1998年にピークが見られるが、1986年は岡田有希子、1998年はXJapan の hide の自殺によるウェルテル効果（模倣自殺）の影響で増えたと言われているが、メディアの協力によりこの模倣自殺を防ぐことができる。

　自殺の背景要因は、既遂児の傾向としては学校的背景の進路問題、不登校（傾向を含む）など、家庭的背景の保護者との不和、個人的背景は精神科治療歴、性格特性（未熟依存的、衝動的、白黒はっきりの二者択一的）、自殺のほのめかしなどが指摘されている（内閣府・警察庁，2014）。その兆候については、周りに気付かれてはいたが、積極的予防策に及ばず、既遂となった例が多くみられる。したがって、積極的予防が大事となる。

　自殺企図につながる上記3質問項目との関連では、既遂児とは異なる。学校で気づかれている問題としては、家族の人間関係の希薄さ、不安・自信のない性格特性、うつ状態、乏しい行動・実行力、優柔不断で自己決定に乏しい、クラスでの孤立感、理由のある学力低下であったが、自己中心的な交友関係、知的障害・学力の低さ、家族の人間関係の不調和、不登校、いたずら好きといった特性とは関係がなかった。したがって、子どもに質問項目に答えさせ、子どもの特性を知ることで、学校での重点的な予防が可能になる（pp.88-89）。

　したがって、子どものメンタルヘルス状態に常に注意を払うこと。特に、予防可能と思われるので、気づいたら即座に対応することが必要である。切迫しているならメンタルヘルス専門家（児童青年精神科医・小児精神科医など）に相談をする。年間600人の救える子どもの命があるから。

1．希死念慮・自殺企図生徒の自殺防止対応例──こまめな対応が生徒を変える

中学１年女子例（pp.71-72 の事例 31 に同じ）

　T：希死念慮がある。理由は、家で叱られるからと言った。家で、叱責され、自宅ベランダから飛び降りようとしたということだった。親戚のおばさんに止められたそうで、私からも強く止めるように話した。家庭では長姉で弟双子４人がいる。４人も弟がいることに驚き、家ではどんなに大変なんだろうかと想像することもできなかった。生徒は、「お姉ちゃんなんだから」ということで叱られたり、おもちゃが片付いていないことを自分のせいにされたりなど不満が大きいようだった。家庭では弟がおおくて、あまりしゃべらない。

　学校では友達と一緒にいる。外見は明るく、人懐っこい面を持ち、友達の面倒見がいい。困っている子にも手を差し伸べる。周りをよく見て気がつく生徒。部活も運動部で活躍している。勉強も分からないことは聞きにいく。

　アンケート結果から見た自尊感情の低さ（96点）に「こんなにこの子は自信がないのか」と驚いた。ほめて伸ばそうと思い、手伝いをしてくれたらほめ、自主勉強をしてきたらほめ、テストの点が上がったらほめを繰り返した。彼女はいつも私のそばに寄ってきたため、毎日話すことができた。友達には甘える面も見せていた。学習でも意欲的であったため、わからないところは担当に聞くなど、がんばっていたので、成績もあがった。２年生も相変わらずがんばっているようである。

アンケート指標１回目

　N：QU は不満足群、QU 学校生活意欲５軸は学級との関係と進路意識が低い。自尊感情：合計点 96 点でまんべんなく全体に低い。特に気楽さ（困難を避ける傾向）と幸福感が低い。健康症状チェック：49 点で高い。希死念慮３項目と自傷行為に◎印がある。

コメント

　N：健康度の高い友達がクラスでの蝶番（ちょうつがい）になっているのであろう。生徒も、今の指標は低いが、健康な部分もある。健康症状チェックの結果からは、対人希求的、甘えたい欲求があることで、人への積極性が幸いしている。希死念慮は、この子の感受性の豊かさによるものか。レジリエンス（立ち直り）の強い面もある。

２回目の検討会

　T：最近は、勉強をがんばっていて、自主学習のノートも作成し、担当の教員に提出しています。百人一首なども学習にも意欲的で、「これだけ覚えた」「成績の順位が上がった」な

ど、くわしく報告してくれています。その都度ほめている。

アンケート指標2回目

QU はクラスの居心地は原点に近いが満足群。学校生活意欲は全体に低いが、教員との関係は少し上がった。自尊感情は合計点109点で13点増え平均に近くなった。健康症状チェック：49点から36点で減少したが、希死念慮と自傷行為は相変わらず有している。

N：対応、ご苦労様です。おかげで1学期よりは、気分的に楽になっているようです。しかし希死念慮に三つともチェックしているので再面接をお願いいたします。また支えになる子がいるので、2年生はクラスを離さないほうがいい。改善するまでは、支える先生も変わらないほうがいい。

2. 希死念慮・自傷行為のリスク要因

「担任が気になる生徒の問題行動」と希死念慮・自傷行為との関係を見た。ここには生徒854人中、10人以上に見られた「問題行動」（pp.20-21）のみを取り上げている。表6-3のように上から8行動だけにリスクが見られ、その他は有意な差がなかった。このため、希死念慮・自傷行為に印をした生徒で、上記8項目で気になる場合には、特に丁寧な対応が必要になると思われる。

表6-3　希死念慮・自傷行為と「気になる問題行動」

N = 854

問題行動	人数	死に関する3項目にチェック	4個別項目			
			死が楽	死にたい	実際死のう	自傷
家族の人間関係・希薄	16	＊＊＊	＊	＊	＊	＊
性格・不安・自信なし	43	＊＊＊	＊	＊	＊	＊＊＊
うつ状態	12	＊＊＊				＊＊
乏しい行動・実行力	10		＊	＊		＊＊
優柔不断・自己決定ない	37	＊		＊	＊	＊＊
理由ある学力低下	31			＊		＊＊
クラス孤立感	22	＊		＊		
自己中心的友達関係	34					＊
知的障害・学力低下	45					
家族の不調和・不適切人間関係	20					
自己愛・自己中心的	38					
いたずら	26					

外国籍	11					
その他の特性	11					
ADHD	15					
解離・過呼吸・パニック	11					
登校不能	18					

＊＊＊ P<.001、＊＊ P<.01、＊ P<.05　　　　　　　　　　　　　　　　　　　　（長尾ら，2014 より）

表示の略称

・死が楽：「死んだほうが楽と思う」の項目、・死にたい：「死にたくなる」の項目、・実際死のう：「実際、死のうとした」の項目、・自傷：「自傷行為をした」の項目を指す。

縦の項目は pp.20-21 の「担任記入用のチェックポイントの一覧表」を参照。（希死念慮と関連する上記 8 項目のみ下記）

・家族の人間関係・希薄「C：家庭問題」〈家族の人間関係の希薄さ、両親養育の不十分さ、ネグレクト〉

・性格・不安・自信なし「D：心配な個人性格特性」〈不安が強い、自信がない〉

・うつ状態「E：精神的問題」〈うつ状態（以前より、覇気がない・元気がない・否定的・行動回避的)〉

・乏しい行動・実行力「D：心配な個人性格特性」〈乏しい行動力、実行力〉

・優柔不断、自己決定なし「D：心配な個人性格特性」〈優柔不断、自己決定ができない〉

・理由ある学力低下「B：学業不振」〈その他の理由による学力低下（例：病欠、その他)〉

・クラス孤立感「D：心配な個人性格特性」〈クラスでの強い孤立感がある〉

・自己中心的な言動など極端な友達関係「A：不適応行動【生徒指導関係】」〈自己中心的な言動など極端な友達関係〉を示している。

3. この取り組みで見られる希死念慮・自殺企図の系統的対応による予防効果

希死念慮 3 項目と自傷行為 1 項目に、ありの◎、○印をつけた生徒に対するアプローチ

事例検討会の際に、希死念慮 3 項目と自傷行為 1 項目に、ありの◎、○印をつけた生徒に対して、別にアンケートを依頼した。対照は 69 人である。

その結果、このような内容について、「言えてよかった」は 29％で、「本当は秘密にしておきたかった」と書いた生徒は 60％であった（表6-4）。

このために担任には、できるだけ早い時期に何らかの声掛けをしていただくようにお願い

をしている。実施方法は、当人の健康症状チェック結果を見せ、「これに丸を付けているけど、今はどうか」「いつ頃のことか」「少し話を聞いていいか」などと話しかけると、当人が書いたことなので、きっかけが作りやすいと思われる。ともかく、生徒に「答えたので、先生は声を掛けてくれた」と思わせることが大事である。答えたくなかったことでも、先生が心配してくれたとなると、答えた甲斐がある。困ったことを伝えると、何とか反応があると思わせることが大事となる。

　自殺遂行者は、青年に多いわけではない。壮年期に多い。しかし既遂者のほとんどが、最初の自殺企図は青年期にあり、それを繰り返している内に、既遂に至る。したがって、青年期に、誰かが、困ったときには助けてくれるという思いを抱かせておくことは、将来、同じような気持ちに至った時ときに、助けを求めるきっかけとなるのではないだろうか。そうすると、今すぐには役には立たないけれど、予防教育としての効果は、期待できそうである。その意味で、取り組んでいる。

　自殺予防の対象をどこに当てるかは、先に述べたように難しい。しかし、今回のアンケートでは自殺することを考えている青年という対象を絞り込んでいるうえに、この1年以内にそう考えた体験を聞いているので、身近な出来事へのアプローチとなっている。しかも、希死念慮だけを聞いているのではない。幅広いメンタルヘルス指標全般に互り、質問しているので、答えやすさもある。

　実際に、自分の希死念慮についてアンケートとは言え、「言えてよかった」が29%いたことが、何より有効性のあかしと思われる。さらに、担任が声掛けをすることにしている。これ以上のタイムリーな自殺予防アプローチはないのではないだろうかとさえ思う。

　対応のうちで、希死念慮のあった生徒に担任が個人的に事情を聞いたことは、特筆すべきではないだろうか。この項目を見ていると、「この1年間」という指示にもかかわらず、後で聞くと2〜3年前の小学生の頃を書く生徒がいる。それほど、子どもにとっても気になる、まだまだ思いが残っている出来事であろう。「死にたい感」はめったにあるものではないだけに、けだし当然である。生徒は書いた。それに対して、担任が事情を聞いたことは、どれほどうれしかっただろうか。今まで、誰にも言えなかったことが、アンケートで書かざるを得なかった、書かされた感はあるとしても、書ける機会がやっとめぐってきた、与えられたのである。これ以上の自殺予防対策はないのではないか。

　以下は、健康症状チェックで、前回、もしくは今回に、「死にたくなる」「死んだ方が楽と思う」「実際、死のうとした」「自傷行為をした」に、チェックをした人の回答をまとめた。

表 6-4　　　　　　　　　　　　　　　　　　　　　（回答生徒 69 人　数字は%）

1.　今まで、誰にも話していなかったので、言えてよかった 　　（1. はい　29.0%　　2. いいえ　30.4%　　3. わからない　40.6%）
2.　先生にだけ知っておいてほしかったので言えてよかった 　　（1. はい　14.5%　　2. いいえ　39.1%　　3. わからない　46.4%）
3.　本当は秘密にしておきたかったが、書かないといけないので書いた 　　（1. はい　60.0%　　2. いいえ　37.1%　　3. その他　2.9%）

　自殺念慮は言えと言われても面と向かって言えるものではない。冷静に紙の質問紙に向かい、しかもたくさんの関連した出来事を読み、チェックして書いているうちに過去を思い出し、抵抗感が減じ、書きやすくなる。

　この表に示したが、60％の生徒が、「本当は言いたくなかった」としている。でも、嘘もかけないので書いた、ということであろう。それを、受け止めてもらい、話を聞いてもらい、次の機会に同じ思いを抱いたときには、相談に乗ってもらえたことを思い出すことほど、望ましい自殺予防対応はあり得ないのではないか。

　これまでは、このような質問紙による聞き取りをしたメンタルヘルス活動を、誰も、どこでもしたことがないので、生徒に聞くに聞けなかった。こう考えると、教員の仕事はとても大変であることがわかる。しかし、個人の一生を左右しかねないとても大事なやりがいのある仕事でもある。私としては、生徒に声掛けをしていただいた先生に、感謝しかない。

　自殺だけではない。クラスは個人で問題が持続する場合は当然あるが、それとて友達関係を配慮した次年度のクラス編成などを考えることができ、生徒への温かいまなざしを感じる。このようなことを知れば、保護者の学校に対する思いはおそらく感謝に満ちたものになるだろう。

　私は、このような質的研究だけで、十分に成果があるものと思っているが、今は量的にもエビデンスを示さないといけない時代で、これだけでは説得力に乏しいとされている。

　さて、今後このような活動の有効性を、何をもって、どう評価すれば、エビデンスとして示されるかは、これからの我々の課題であろう。この活動は今の生徒の学校生活中でも、子どものメンタルヘルスに有効と思っているが、自殺予防の視点からは 10 年後、20 年後にも役立つはずである。これをどう証明するか。教育世界全体に理解してもらい、定着してゆくためには、まだまだ、課題がある。

第 6 章　学校メンタルヘルス活動の果たす問題予防効果　　91

第7章

学校でのハイリスク例と医療機関受診例（臨床例）は同じか、異なるか

はじめに

この項では「学校メンタルヘルス活動」と「クリニック臨床」との関係を述べる。これまで述べてきたように中学校でメンタルヘルス向上の取り組みをしているが、地元でもあるのでその中の生徒が受診することもある。

ここでは学校メンタルヘルス対応の側面と臨床対応の側面を、時間経過とともにどのように経過するかの流れを同時並行的に見る。こうすることで学校メンタルヘルスアンケート指標ないし学校での事例検討会で、どの程度の状態が臨床的対応が必要な状態といえるかが判る。そうなると学校での担任や養護教員、SC の対応が、どの段階で、どの程度の介入をすればよいのか、専門機関に紹介すればよいのかも判る。

また、学校でのフォローは 3 年間だが、臨床的にはさらに長期のフォローとなる。それが必要な臨床的背景について検討する。このように臨床も加味した見方により、「学校メンタルヘルス活動」の臨床における存在意味を考察する。多様な臨床とその背景があるが、ここでは 3 症例を取り上げる。

なお指標の数字については第 4 章 3 種類のアンケート検査とその読み方（pp.22-51）を参照してほしい。

症例 1：学校では学力優秀だが、QU で要支援群となった例（中学 1 年 男子）

学校での症例検討会の結論

この生徒がいたクラスの特徴：指標では、QU は原点中心に、満足群と不満足群が天の川状態。満足群 55％で高い。意欲プロファイルが全体に高い（この地域は進学熱が高い）。その割に学級との関係がやや低いようである。学年最初で、なじみがまだできていないのかもしれない。SE：全体には高いが、低い生徒が 3 人いる。健康症状チェック：20 点以上で、死

にたくなる希死念慮が5人いる。元に戻りたいと強く希望している。

　この生徒の状態：クラスでは学力がとても高い生徒で、友達の信頼もある。しかし、指標的にはQUが要支援群で学校生活意欲の友人、教員、学級が極めて低い。SE：112点で低い。健康症状：33点で高い。希死念慮ある。

　N：客観的評価と異なり、主観的にこのように感じることは被害的であり、不安が強く、引きこもり傾向にあることを示す。臨床的解釈としては、何か出来事があったか、本人の気分がよくないうつ状態かのいずれかが考えられる。孤立している。対応としては、本人や家族から話を聞く必要がある。

　クリニックの受診：この検討会の1カ月半後にクリニックを受診した。

　本人の悩み：主訴：①クラス友達と話していると頭痛がする。②学校へ行けなくなった。

　病前性格：（自分）暗い。（母）慎重でまじめだが頑固なところがある。やさしい。

　発達歴：保育園時は周りになじめないわけではないが、友達の家に行くのが苦手で、遊びに来てもらうことが多かった。普段の友達関係は、誰とでも遊び、普段は積極的ではある。

　現病歴：小学校1年生の頃から学校への行き渋りを訴えることがあったが、休むことはなかった。

　小学5年生の3学期に不眠で朝起きられず、食欲不振、腹痛、気分の悪さ、友達といるのが嫌になる、学級の役割をしたくない、などを訴え、休みがちになり、3カ月間で30日欠席した。小学校6年生時も、1週間欠席したことがある。中学校入学前に父親の勤務の関係で転居した。

　中学入学後5月までは嫌々ながらも登校していたが、そのころより同級生と話したり接すると頭痛や嘔気が出現した。6月半ばより登校ができなくなった。

　検査結果：SEは96点で全体に低く特に自己否定感が強いのは同じ傾向であるが、学校での指標と比べると短期間にもかかわらず、混乱の程度と家族関係の悪化がみられた。健康症状チェックは希死念慮を含み、同様の状態であった。その他の検査（経過中に作為体験、被毒妄想、関係念慮などの精神病様症状を伴う）から、診断は精神病症状を伴う重症うつ病エピソード（F：32.3）とした。

　経　過：学校生活は休むが、自宅学習は好きな課題をしていた。気分の日内変動の強いときがあった。多弁になるも涙を流すそううつ混合状態、タレントになる空想などが強くなるが短時間のみで白昼夢のような意識の変容状態も見られた。中学は2年間、登校できず、3年生は断続的に登校した。高校には合格するも、断続的登校で留年、休学とする。気分の変動が大きかった。薬物への反応は乏しかった。

　18歳頃には、全体として、気分変動が穏やかになる。現在、診断は双極性障害（F：31）

として定期受診にて経過観察中。

　まとめ：学校での健康指標と、本人の能力やクラスでの信頼感に大きな解離があったが、それはうつ病による症状のためであった。受診前から、学校という日常生活でもこの活動により精神状態を知ることができる。生徒理解だけでなく、精神障害の早期発見にもなる。

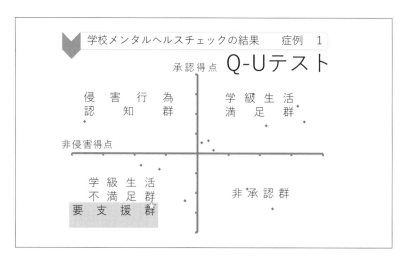

図7-1　この生徒のいるクラスの自尊感情得点とこの生徒のいるクラスのQU結果
- ◆　クラスの他の生徒の得点分布　　☆印　この生徒のQU結果

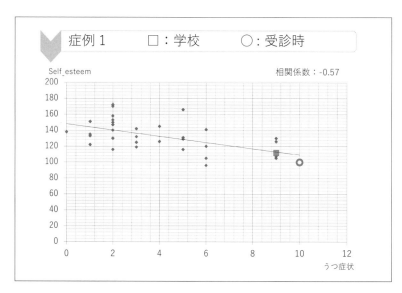

図7-2　この生徒のいるクラスの自尊感情得点（縦軸）と健康症状チェックの数（横軸）
- ■　学校　受診前に学校でしたメンタルヘルスチェックの結果
- ○　受診時　同一生徒のその後受診したときのメンタルヘルスチェック結果
- ◆　クラスの他の生徒の得点分布

症例２：学校ではクラスの中での人間関係の問題と思われた例（中学２年 女子）

学校での討論会での結論

この生徒がいたクラスの特徴：明るい。授業態度にメリハリがない。クラスはリーダー不在感がある。男子、授業中もしゃべる。注意する雰囲気がない。女子は悪くはないが、リーダー不在。３〜４のグループにグループ化している。２人グループもある。声掛けできる子がいない。学力的に低い子が３人いる。ほったらかしにされているサポート不足状態だが、本人たちがサポートを拒否する。問題としては、けじめが乏しい。

この生徒の状態：室長をしている。生徒会の副会長に立候補したいという。友達関係は学力の低い生徒とアニメの話題で仲良い。一人でいるときが多い。部活は卓球部。

性格行動特性：正義感が強い。譲らない。だから対人関係がよくない。アームカット・リストカットがある。家族は知っており協力的である。

指　標：２年生１学期１回目：QU：不満足群（承認23点、被侵害26点）。SE：103点で自尊感情全体の特性が低い。特にネガティブ思考、混乱のしやすさ、自信のなさ、劣等感、後悔が強い。対人関係は積極性を欠く。健康症状チェック：48点。希死念慮が２つに◎。１つに○がある。

N：検討会結果：室長で、活発でもあるにも関わらず指標が悪い。希死念慮もある。このまま放置できない。SCに相談するほうがよい。家族も知っているのであれば、家での様子を確認するほうがよい。再度、家族に家での様子を聞くこと。

クリニックの受診：この検討会の２カ月後

本人の悩み：主訴。三つある。学校での集団生活において、1. 学校で人間関係を作りづらく、維持しづらい。2. 勉強で、できない問題があると意欲を失ってできない、投げ出す。3. 勉強で自分より上の人がいるのが怖くて不安で、腕に傷を作ってしまった。

家族構成：両親、本児、妹１歳の４人。家の居心地はよい。

成育歴：幼児期は人見知りが強かった。小学生時代は活発、友達も多く、児童会長もするリーダー的存在であった。４年生時、仲間外れにされたことがある。

性格特性：（母）まじめ。負けずきらい。自覚なく相手を不快にさせることを言うことがある。

現病歴：中学１年生時、クラスメイトにどう思われているのか気になり、勢いつかず地味な存在だった。グループに入れてほしいと言えず、一人ぼっちだった。友達と思っていた子が離れていったが、その子に勉強で負けるのが怖くて、自室で物を投げたりしていた。部活

（運動部）では、夏休みに遊びに行く約束をしたが、のけ者にされた。母に泣いて訴え過呼吸となる。

　中学１年生の秋ごろより、気分の動揺があり、２～３週間から１カ月の周期で何もしたくない、気分が落ち込むことが１年間で５回あった。

　初診時検査所見：自尊感情は、102点で全体的な特性が低い。特に混乱しやすくネガティブ志向であった。STAI（不安質問紙検査）は、不安特性63点で強い５段階にあった。不安状態43点でやや強い４段階であった。健康症状チェックは、うつ症状が強く、希死念慮と自傷行為にチェックがみられた。

　診　断：このため、診断は反復性うつ病、ないしは混合性不安抑うつ障害とした。

学校での様子とクリニックでの様子の違い

　学校での検討会の結果：学校での活動・様子は特に問題視されていない。しかし、アンケート結果の指標は悪いので、このままでは放っておけない。しかし、本人の内面的な葛藤内容は判らない。したがって、SCへの紹介が適切と思われた。

　クリニックでの結果：ところが、実際に、クリニックを受診した結果は、内面的な葛藤が強く、自分でのコントロールが困難な状態であったので受診に至っている。このことから、学校でのスクリーニング検査だけでは判断の限界があることと、臨床的には個別対応が必要であるという治療側面から、学校での対応とクリニックでの対応には自ずから違いもあることがよく判った。

経　過

　学　校：２年生時の学校での様子：生徒会に立候補した。通院中であるので、経過はどうか。部活はやめた。２年生２回目のアンケート結果（H26年11月22日）は指標は変わりない（QU検査：２学期　26、29．SE：２回目：102点。変化なし。健康症状チェック：２回目、希死念慮が三つに◎がある）

　３年生：１回目（H27.6）の指標は、QU、承認得点37点、被侵害得点18点で満足群に。SE121点。対人関係が改善、家族関係も改善。ネガティブ思考、劣等感は改善、自信はまだない。

　健康症状26点。希死念慮、軽度化しているが持続している。

　学校での検討会：指標の改善著しいために検討事例に上がらなかった。進路決定したとの近況報告のみ。

　クリニックでの対応法：生徒は自分の精神状態とその精神症状の理解と、これまでの精神的変化の経過をよく理解した。薬物療法は本人が望まないので処方しなかった。精神療法と

して1．軽度不安の自己コントロール法として呼吸法を教えた。2．次いで他者との関係に影響を受けやすいので自分自身を見つめ直す自尊感情改善アプローチ（いいところ探し）を実施した。3．環境調整は、自ら部活を辞めることで余分なストレスを回避した。結果、主観的には状態は安定し、成績も上がった。「自信が出てきた」と言えた。経過は、何か問題があれば来院を指示する程度に安定し、受診間隔を延ばした。

その後の検査結果（平成27年3月7日：2年生3学期）SE：116点。プロファイル上は自信がなく、ネガティブ思考と混乱が強い。後悔は減っている。家族関係はよい。健康症状チェックは10点。著しく改善している。

学校生活：「集中できている」と。成績は上がりトップ5〜10％ラインにいる。内面的には、少し自信が出てきたと言う。

その後の経過：平成28年4月　地元一流進学校に合格し、通学していた。安定しており、8カ月後に受診となる。

H28.10．受診理由：元来苦手な数学がむつかしく、リストカットを2回した。学校生活自体は友達もでき、周りとも話ができ、部活もして満足している。「課題をする気が起きない」といい、学校を休むが、2日のみ。成績は良好。

診断結果：再度、うつ状態（考え事14、気持ち13、行動3、日常行動1、にチェックあり。希死念慮2つに○があった）。対応：「薬を希望しない」といい、CBT（認知行動療法）をするためのオリエンテーションを説明する。平成28年12月17日　SE：118点でほぼ平均範囲となった。以後、継続観察中。

まとめ

（1）学校メンタルヘルス活動による指標によりリスク・症状は判るが、本人の悩み・葛藤は判らない。その内容により、臨床例となりうることがあるので、学校では本人面接が必要である。

（2）症状は反復性なのでその時をサポートすれば、乗り切ることができる。そのため、そのときにメンタルヘルスの健康獲得法を獲得・身につけることができるような治療をするとよい。

（3）医療の利用は、気分の不安定さがあるがその状態を自分で把握しており、状態によりその都度ブースター受診をしているのでうまく医療を利用しているといえる。

（4）今後は、他者との関係性が課題となるであろうと思われるので、精神療法は対人関係の理解の仕方と自己の存在のありようなどの他者と自分の距離感などを中心課題とする予定である。このような作業を通じて、課題である「自分で自分のことをよく知る」ことができると思われる。

表 7-1　クリニック及び学校での指標の推移

時期	場所	QU			QU			その他	対応法		
		クラス居心地	学校意欲	分類	自尊感情	健康症状	希死念慮	STAI	学校	クリニック	学年
H26.7	学校	23	26	不満足群	103	48	4		SC、家族		2 年生
H26.10	クリニック				102	40	4	63、43		精神・環境	
H26.11	学校	26	29	不満足群	102	35	4		経過観察		
H27.3	クリニック				116	10	なし			精神・認知	
H27.6	学校	37	18	満足群	121	26	3		なし		3 年生
H28.10	クリニック				118	30	2			CBT	高校1 年生
H29.1	クリニック	クラスいい								経過観察	フォロー中

症例 3：学校では気分の動揺が目立つことなく、身体疾患と思われていた例
（中学 1 年生　女子）

学校での症例討論会での結論

　この**生徒の状態**：小学校時代に女子児童の人間関係が複雑で、気を使う側面はあった。中学校入学時より活発で何事にも積極的に取り組む。1 学期は自ら副室長に立候補した。クラスの中心的存在であった。2 学期には、ネット上で悪口を書き込まれたことから、それに悪口を書き込むことがあったが、その後、人前に出ることに抵抗を感じたようである。

　2 年生は前向きになった。しかし 2 学期から体調不良で遅刻が多くなる。そのしんどさをクラスで友達に聞いてもらい納得するも、体調不良で入院した。

　3 年生になり部活動のキャプテンに勧められてなる。しかし部活動が強制参加のために、熱意のない部員もおり、言うことを聞いてくれる雰囲気はなかった。2 学期は、祖父母の死などがあり、登校できない日が増えている。指標的には問題となる程度ではないために、取り上げられることはなかった。しかし、1 年生からの QU 変化を見ると、クラスでの居心地が動揺していた。

クリニックの受診：中学 3 年生

本人の悩み：主訴　1. 朝が起きられない、2. ムカムカするため朝から学校に行けない。

病前性格：やさしい、みんなからよい子と言われる、周りに合わせる。学業成績は上の中。

経　過：中1の6月頃より授業中に眩暈や嘔気が出現することがあったが、10月頃には自然に回復した。中2の6月になって再び眩暈や嘔気が出現した。この頃より朝が起きられなくなってきた。2学期は遅刻、3学期は欠席が多い。2年生初めより、次第に成績が低下してきた。

中3になると、上記の症状に加えて夜間の熟睡感が乏しくなり、朝食も食べられなくなってきた。9月頃より夕方も体調が悪いと感じるようになってきたため小児科医より、当院受診を勧められた。

検査所見：SE129点で平均的となった。健康症状チェック（うつ症状）は22点。行動抑制が主で希死念慮はない。

身体化症状と学力低下があり、2年生時の苦しい長期経過から病理性が明白。

診　断：反復性うつ病性障害（F：33.1）、現在中等度エピソード（気分変調症に続く）とした。

経　過：高校入学後は安定がみられ、通学ができており、クラブも楽しめ成績、友達関係も良好であった。短大に進学し高校同様、学校生活を楽しみ、就職も決まった。投薬はなく、定期受診による経過観察中。

まとめ

身体疾患とみなされてきたことと、学校での適応がよく指標でのリスクが低いと、気になる生徒として取り上げられない。しかし、内面の変化は大きく、うつ状態が繰り返し生じていた。クリニックでの診察により、うつ病が明らかとなった。このような指標が一定しない生徒も見逃さないよう注意が必要である。

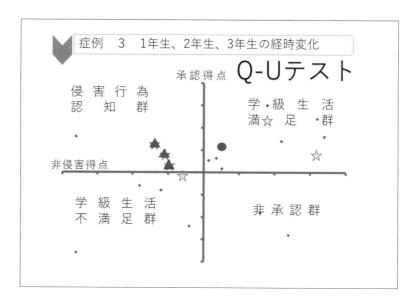

図 7-3　症例 3　学校での 3 年間の QU 実施の経時変化

- ★ 1年生　　★ 2年生　　● 3年生
- ◆ このクラスの他の生徒の得点分布

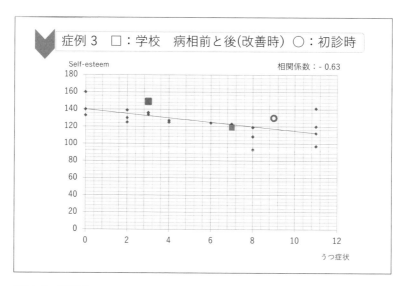

図 7-4　症例 3

- ■ 受診前に学校で実施したメンタルヘルスチェックの結果
- ○ 受診時　同一生徒のその後受診したときのメンタルヘルスチェック結果
- ■ 治療後の同一生徒のメンタルヘルスチェックの結果
- ◆ このクラスの他の生徒の得点分布

> **第8章**

活動の有効性──そもそもこの活動は何をしていることになるのか

　この活動のもっとも重要な点は、気になる生徒や問題となる生徒の内面・実情を知り、それに働きかけることである。第6章で述べたとおり、いい意味での生徒を操作し、いじり、何とか現状打破をしようとする気持ちと行動がもっとも必要である。そして、そうすることが児童・生徒を変える。ではなぜ、そのようなことが容易にできやすくなるのか。それは、以下に述べる内容や条件が整うからである。

1. 経験的有効性

　三重県医師会がこれまで取り組んできた中学校でのメンタルヘルス活動は、いったい学校の教員や生徒に何をしていることになるのであろうか。それをまとめると、次のようになる。

(1) 学年担当教員や学校の管理者、特に担任にとっては

1) クラス全体の特徴や雰囲気が数量化して判る。また生徒の学校生活、学習意欲や友達関係や教員との関係が数値で判る。これにより、今後のクラスの運営目標や活動指針が立てやすくなる。

2) 生徒の今の自分自身に対する自尊感情（自己満足度、自己に対する適切感、達成感、家族・友人関係、自己肯定感など）が判る。

3) 生徒個々人の今の困り感や、葛藤による症状とその程度が判る。（しかし、何に困っているかはわからない。例えば、家族問題があるとしても、親子関係なのか、きょうだい関係なのか、両親の問題なのかなどは、判らない）

4) これは生徒の問題点の早期発見になる。特にいじめや希死念慮や家族関係、友達関係の悩みなどにも気づける。同時に、日常の行動を加味すれば、それらの問題点が、他の生徒との関係、家族関係から判ることもある。

101

5) 他の生徒との比較も、数値で示されるので、容易である。

6) これまでの勘と経験による判断から、子どもの実際の「声」を聴いた客観的な資料を基にした判断ができる。

7) 以上6点から教員、特に担任にとっては生徒の言動について、生徒の内面からの理解ができる。特に、リスクの高い生徒や、健康度の高い生徒が個別にわかる。同時に、問題があれば、問題の予防対応ができるし、早期発見にもなる。

8) またアンケート結果は数値でも示されるので、他の教員とのコミュニケーションも数値を用いて取りやすくなる。

9) アンケート結果の内容によっては、生徒への声掛けの機会となる。特に自殺、自傷行為、家庭問題など、日頃話題にしにくいことも生徒が記しているので、いい機会となる。また、それらの予防にもなる。

10) 経時的に実施することにより、生徒の内面の変化や推移・軌跡が判る。

(2) 生徒にとっては

1) 質問項目を読み、チェックすることにより、自己の内面の振り返りの機会となり、自身の今の精神状態を知ることになる。(実際生徒は自由記載では「自分のことがよくわかった」としばしば書いている)

2) 家族や友達には言ってないことも、担任にだけは、自分の内面や症状(状態像)を伝えることができる。特に伝えにくい家族関係や自殺・自傷行為に関することも伝え易い形で伝えることができる。

3) 現在の困りごとの理由が自分自身ではなく、他者にある場合も、そのことを記入する欄があるので、言いにくいことを伝えやすい。

4) その内容に関しては、担任からの声掛けの機会となり、相互理解とコミュニケーションの機会となる。

5) 担任との信頼関係が形成しやすい。特に経時的に実施しているので「わかってもらえている」感が持てる。このアンケートを機会に、話しかけられた経験があるとなおさらである。

6) 生徒からも、「アンケートに書いたのですが…」と、相談がしやすくなる。

(3) 実施上の負担や注意事項としては

1) アンケート項目が3種類の検査で146項目ある。このために授業時間を1時間割かなければならない。(実際に得られた情報は、面接で得ようとするとその数倍の時間がかかるし、アンケートでは答えやすいが、面接では答えてくれるとは限らない項目もあるために時間的な

経済効果は大きい）

2) フォーマット入力はできるだけ簡素にしてあるが、アンケート結果のフォーマットへの入力の手間が必要となる。（実際はこのときに生徒の実際の結果を個々人で見ることになるので、現実味のある生徒の思いが判るメリットもある）

3) 注意事項としては、アンケート結果によるが、希死念慮や自傷行為にチェックをしていた場合、当人に話を聞きやすくなり、いいきっかけとなる利点はあるが、家族に対してどのように伝えるかが問題となる。生徒には、担任しか見ないと言う約束でアンケートを実施しているので、直接に保護者には伝えられない。そこで、緊急事態と思われる時以外は、3者懇談会時に、「学校としては、最近の様子を見ている範囲では、少し心配です。前の学校で、同じような様子のときに、本人が死にたいと言い、相談を受けたことがありました」とか、「面白くないので家出をしようとしたことがありました」と言い、「学校としても注意して見守っていきますが、ご家庭でもご心配な面があれば学校にもご連絡ください」と伝えておくと、アンケート結果を言ったことにはならないし、家族に何も言わなかったことにもならないので、そのように取り組んでもらっている。

(4) この活動の限界

いくつかの限界もある。

1) このアンケートは現在の精神の状態であり、精神障害の診断目的ではない。精神障害や発達障害が疑われる場合は、これで見つけることはできない。

2) アンケートの結果のみ単独で判断することは限界がある。日常の生徒の様子に加えてアンケートの結果があることにより、より内面状態の理解が進む。したがって、担任とメンタルヘルスの専門家がいてこそ、役に立つ資料となる。

3) 難しいことをするわけではないが、新しい発想なので、担任はアンケート数値に慣れるまで、生徒の実態とアンケート結果の数字のイメージとが結びつかない。

4) 同様に、SCも、生徒の実態とアンケート結果の数字のイメージに慣れるまで、何回か経験を積む必要がある。

2. 記述統計結果（エビデンスのある結果）

学校で「教員が気になる生徒の問題行動」（pp.20-21）として挙げられた事項が、アンケートには、どのように反映されているかを見た（長尾ら, 2014）。

対象生徒は2014（平成26）年度に実施した県下3校の中学校854人の生徒である。表8-1

には、該当生徒が10人以上いる事項のみを取り上げた。

この表はQU指標・学校生活（クラスの居心地と学校意欲）について示している。

理由ある学力低下（B：学業不振：その他の理由による学力低下（例：病欠、その他、））は、クラスの居心地と、学習意欲と学校生活意欲全般に影響している。知的障害・学力低下（B：学業不振：知的障害ないしは知力低下による学力低下がある）の生徒も同じ傾向を示した。

このことから、学力の低下問題は、単に学習が遅れているという問題以上に深刻で、クラスの居心地、学習意欲そのものにも影響している。したがって、学校での学力保証とともにクラスでの居心地にも配慮がとても大事となる。

乏しい行動・実行力（D：心配な個人性格特性：乏しい行動力、実行力）はクラスでの疎外感や友達関係の悪さと関係していた。積極的行動がないことは、何もしない以上の精神的影響を及ぼしていることを示していた。このことから単に行動しないだけという評価から、クラス内人間関係も配慮していかなければならないと思われる。

性格・不安・自信なし（D：心配な個人性格特性：不安が強い、自信がない）は、クラスでの居心地と友達関係の悪さと関係していた。自信のなさはクラスでの被害感・疎外感を強めていた。従って友達関係も低くなった。自分の自信のなさは友達関係もいいと思えなくなるので、自信のない生徒には友達を作ることができるような支援が必要と言える。

うつ状態は（E：精神的問題：うつ状態〈以前より、覇気がない・元気がない・否定的・行動回避的〉）は、クラスの居心地と友達関係に関係していた。単に気分の落ち込みや行動のできなさ以外にも、対人関係に影響することが示されたので、その面での配慮が要る。

クラス孤立感（D：心配な個人性格特性：クラスでの強い孤立感がある）は友達からの承認（認められ感）と学習意欲や全体の学校生活意欲に関係した。

このようにみてくると、単に気になる側面以外への影響が大きいことが示された。このために、対応策としては、この関連性を知り、計画を立てることが肝要と思われた。

次に、教員が気になる生徒の問題行動を、同様の方法で自尊感情と健康症状チェックから見た（表8-2）。上からの5事項は、学校生活での影響が見られたが、自尊感情と健康症状にも関係した。自尊感情は低く、健康症状チェックは、多くの項目に丸印がついていた。このことから、生徒の内面への配慮もいることが判る。

教員から見て自己愛的・自己中心的と思われる生徒は自尊感情のうち、自己の適切性の低下と関係していた。今の自分がうまくいってないとの思いが強い。そうすると、本人の話をこの面から聞くことが、一見したところの性格の偏りの修正に役立つと考えられる。

外国籍児の対象生徒は11人であったが自尊感情の内、不適切性と対人関係に関係していた。不適切感の項目にはネガティブ志向と混乱のしやすさが含まれているので、単に言葉の問題で困っているだけではなく、いい方向に考えられずに混乱しやすい状況に置かれてい

る。したがって、サポートの在り方にも工夫がいることを示していた。

まとめ

　生徒の示した指標を活用すれば、生徒との会話、指導、理解につながる情報がとても多いことに気付く。

表 8-1　生徒の問題行動と QU 指標

問題行動	人数	QU承認	QU被侵害	QU友人	QU学習	QU教員	QU学級	QU進路	QU合計
理由ある学力低下	31	＊＊	＊＊		＊＊＊	〃	＊		＊＊
乏しい行動・実行力	10	＊	＊＊＊	＊＊＊			＊＊＊		＊
性格・不安・自信なし	43	＊	＊＊＊	＊					
知的障害・学力低下	45	＊	＊＊	＊＊	＊＊＊		〃		＊＊
うつ状態	12		＊	＊	〃		＊		
クラス孤立感	22	＊			＊＊				＊
自己愛・自己中心的	38	＊＊	〃						
外国籍	11		＊						
優柔不断・自己決定ない	37								
登校不能	18								
家族の人間関係・希薄	16				＊＊				
家族の不適切人間関係	20		＊						
解離・過呼吸・パニック	11								
その他の特性	11	〃	〃						
自己中心的友達関係	34								
いたずら	26								
ADHD	15								

＊＊＊ P<.001、＊＊ P<.01　＊ P<.05、〃 < .1

表 8-2　生徒の問題行動と健康症状チェック・自尊感情指標

問題行動	人数	健康症状	睡眠合計	考え合計	気分合計	行動合計	自尊感情	Coopersmith自己拒否合計点	Coopersmith個人の内面的な自己肯定感で適切性合計点	Coopersmith不適切性合計点	Coopersmith家族対人関係合計点	Coopersmith自信・他者との比較合計点
理由ある学力低下	31	***	***	**	***	***	**	*		***	**	*
乏しい行動・実行力	10	**	*	//	*	***	//	**				
性格・不安・自信なし	43	**		**	**	***	*	*	//	**		
知的障害・学力低下	45		*				**			*		***
うつ状態	12	**	//	**	**	**	//	***		*		
クラス孤立感	22										//	
自己愛・自己中心的	38							**				
外国籍	11		//					*			**	**
優柔不断・自己決定ない	37	//	//				*			*	*	
登校不能	18	**		*	*							
家族の人間関係・希薄	16										//	
家族の不適切人間関係	20				//							
解離・過呼吸・パニック	11			*	//							
その他の特性	11											
自己中心的友達関係	34										//	
いたずら	26											
ADHD	15											

　集計の統計結果は高橋秀俊先生（国立精神・神経医療研究センター　精神保健研究所　児童思春期部門　室長）のご協力によるもので深謝いたします。

3. 取り組み成果の評価

評価方法

この取り組みの評価、有効性判断をどのようにするかという指標を検討することも必要となる。以下の点が考えられる。

学校、学年、クラスなどの集団に対する効果

(1) クラス指標の変化（担任が気になる生徒の問題行動・気になることの一覧、QUの2種、自尊感情、健康症状チェック）

(2) 子どもに獲得させた（子どもが獲得した）メンタルヘルス関連の知識・技術

(3) 教科担任から見たクラスとしての学習能力・学業成績

(4) 担任教員の学校、学年における自クラス評価

(5) 保健室利用に関する児童・生徒の変化（利用率・利用法）

(6) その他（保護者の意見）

児童・生徒への個人的効果

(1) メンタルヘルス指標の変化（担任が気になる生徒の問題行動・気になることの一覧、QUの2種、自尊感情、健康症状チェック）

(2) 子どもに獲得させた（子どもが獲得した）メンタルヘルス知識・技術

(3) 教科担任から見た個人の学習能力・学業成績

(4) 担任教員の生徒個人に対する評価

(5) 保健室利用に関する児童・生徒の変化

(6) その他（保護者の意見）

教育関係者に対する効果

(1) この取り組みに対する印象・効果・その他

(2) メンタルヘルスに対する考えの変化

(3) 個人的な思い（クラス自体の様子が、変わったと思えるか。クラスへの取り組みが功を奏したと思えるか。結局、卒業後、同窓会を開きたいと思えるクラスか）

生徒の思い

（1）この取り組みに対する印象

（2）希死念慮を示した生徒のこの取り組みの思い

　それぞれ取り組んだ目標に対しての評価と、副次的に発生した変化とを知るように
すべきである。

筆者の思い

　物事の取り組みで、一番大事なことは、その取り組みの意味そのものを、理解しても
らうことである。それは、判ったという程度では不十分であり、本当に、大事なことで
あるということを、心から感じるほどのインパクトが必要である。ではどうすればいい
のか。それがよくわからない。このために、色々と手を変え品を変えて、提示している。

　世の中の風潮が、「メンタルヘルス理解が深まり、子どものメンタルヘルスも大事だ」
と思うような時代になるまで、何をしていけばいいのか。何もしないと何も変わらない。
私には、それが判らないので、ただただ、今の子どものメンタルヘルスを、懸命にいい
ようにしようとしているだけである。

［第Ⅱ部　第6章の文献］

内閣府・警視庁「子どもの自殺等の実態分析─平成25年中における自殺の状況」（平成25年）より。
　www.mext.go.jp/component/b_menu/shingi/toushin/_ics.. .(2014).

長尾圭造『子どものうつ病　その診断・治療・予防』p.21-25、明石書店、2016。

長尾圭造、高橋秀俊「日本における思春期・青年期の自殺予防活動。モズレー病院／ロンドン大学児
　童青年精神医学専門研修」　九州大学病院子どものこころ診療部・編『九州大学病院セミナー集』
　pp.217-247，2014。

長尾圭造、加藤正彦「学校におけるメンタルヘルスのかさ上げ活動に対する教員の意識調査。第41
　回学校保健大会・報告集」pp.194-199．2010。

長尾圭造、加藤正彦、佐藤敏史、伊藤祐美子「小学校時代に仲間関係が崩壊した学年（男児）の中学
　校での人間関係の再構築」第40回全国学校保健・学校医大会、広島。201-206．2009.

河村茂雄『hyper-QU よりよい学校生活と友達作りのためのアンケート』『QU 楽しい学校生活を送
　るためのアンケート』図書文化社、東京、2006。

河村茂雄、品田笑子、小野寺正巳『学級ソーシャルスキル』図書文化社、東京、2008。

［第Ⅱ部　第 8 章の文献］

Coopersmith, S.: Self-esteem and need achievement as determination of selective recall and reception. *Journal of Abnormal and Social Psychology*, 60. 310–317, 1960.

WHO *Preventing suicide: a resource for media professionals.* 2008. www.who.int/.../prevention/suicide/resource_media.pdf (2008).

第Ⅲ部
学校メンタルヘルス活動の波及効果

　生徒理解のための活動が、それだけに終わるのだろうか。誰に、何の効果や影響も及ぼさないのだろうか。

　実施してこられた先生、それを見守っておられた先生には、どのような影響があるのだろうか。一つは直接、この活動の印象を聞くことにした。

　今一つは、一般市民を対象とした結果もある精神障害理解の調査を、御願いした。その結果を報告した要点のみを紹介する。

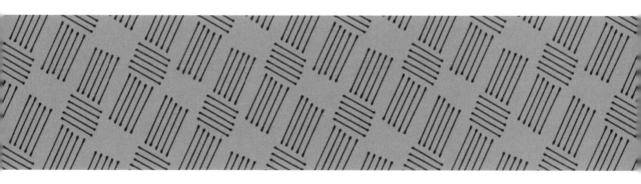

第9章

この活動の教員に対する影響

1.「学校におけるメンタルヘルスのかさ上げ活動」に対する教員の意識調査

これまで述べてきた方法で、実際に実施している学校教員の立場では、一体どのように感じられているのだろうかという気持ちから、意識調査をお願いした。なお、この当時は、QUアンケートが中心で、その他は、教員の個人情報とのすり合わせだった。

対象と方法

今回の調査対象は、この活動に取り組んでいる小学校（4校）・中学校（1校）のうち、実際にクラス担任として取り組んだ33人の教員である。

方法はアンケート記入をお願いした。アンケート内容は、「学校におけるメンタルヘルスのかさ上げ活動」の実施の意味に関して（7項目）、この活動の実際の進め方に関して（14項目）、精神科医師との事例検討や会議に関して（9項目）、この活動の実施の有効性に関して（15項目）、その困難と限界に関して（6項目）、そのほか（3項目）である。合計の選択項目は54項目（各項目4段階選択のLikart方式）あり、さらに自由記述11項目を設けた。

結　果

（1）「学校におけるメンタルヘルスのかさ上げ活動」に関する実施の意味では、24人（73％）の教員が、この活動開始前から、現在の子どもたちが見せる学校状況では、この取り組みは必要であると感じておられた。このような取り組みを知っていて、機会があればしたいとされていた教員が12人（36％）であった。やり終えても疑問と感じておられる教員は4人（12％）であった。このうち3人はこの活動に対するオリエンテーションの機会がなく、いきなり実施された。この活動には、十分なオリエンテーションが必要である。

（2）「この活動の進め方」では、実際の進め方は1クラスごとに担任と精神科医との話し合いで、その後のクラスの取り組みの方向付けを検討しているが、それにかける時間は当時

は約 30 分であった。これに対しては、その程度でいいとする意見と、それでは短いとする意見が半数ずつであった。このクラス検討会議の結果、自分がクラスの把握が不十分だとされた意見は 21 人（69%）であった。1 クラス少なくとも 60 分以上、かけるべきであると思われた。

　方向性を立ててからは、担任の立てるプログラム計画に任せたが、「手探りで開始した」20 人（66%）、「相談相手が欲しかった」21 人（69%）であった。担任としての経験年数に開きがあり、クラスでの実施プログラムに関しても、共通の研修が必要と思われた。

　クラスを、グループとしての力動的な動きとしてみる見方については、13 人（43%）は問題がないとされたが、戸惑ったとした教員が 9 人（30%）であった。経験とこの方法での対応は、経験年数に関係ないとされた教員は 13 人（43%）で、経験がある程度必要と思われている。児童・生徒の指導に関する技法や経験がやはり必要となるため、この目的に沿った共通の研修機会が必要である。

　(3)「精神科医師と担任との事例検討会議」については、子どもを見る見方で、メンタルヘルスからの見方は意外な見方とされた教員は 25 人（76%）であった。医師のこの取り組みの意図・説明を聞いて理解された教員は 28 人（85%）であった。さらに、取り組みに対する意義や症例検討の方法の説明がその場で必要であるとされた教員は 25 人（76%）であった。ところが、共通の情報を基にした際の、医師の児童・生徒への理解が不十分、正しくないとされた教員は 4 人（13%）、部分的に違うも含めると 6 人（20%）であったが、この内、オリエンテーションを受けていない教員が 3 人おられた。短い時間でのクラスの児童・生徒の事例検討とクラス評価であったが、おおむね正しく把握できていると言えそうである。ただ、教育者としても、このような視点は新たな子どもの見方であるため、やはりオリエンテーションを徹底し、充実させる必要がある。

　(4)「この取り組みの有効性」については、QU アンケートなどの子どもからの情報を得ることにより、「今までとは違った見方ができる」、「学級経営に生かせる」、「配慮すべき子が判る」は 26 〜 29 人（79 〜 88%）であった。「対応姿勢として積極的に打って出る形がとれた」、「子ども同士の関係がよくわかった」、「安心できて子どもを見れた」は 21 〜 23 人（64 〜 70%）であった。

　「子どもの資料があるので他の教員と話し合える機会が増えた」26 人（79%）であった。次年度に、再度取り組む気持ちも、「実施したいですか」に対しては 26 人（79%）が積極的にそう感じていた。総じて、この取り組みの有効性を感じてもらえているといえる。また、積極的に取り組むに値すると感じておられるようであった。

　(5)「この取り組みの限界など」については、「教員の取り組める領域が判ると同時に、保健室の養護教諭やスクールカウンセラーとの連携の必要を感じられた」は 21 〜 29 人（64 〜

88%）であった。一方、「実際には、連携が困難であった」は 20 人（61%）であった。連携に関しては、今後も検討すべきである。

また、「この取り組みだけではうまくいかない子どもがいる」25 人（76%）、「今の資料以上に、さらに子どもの内面を知る資料が必要」25 人（76%）であった。この活動をさらに充実させるためには、さらなる子どもに関する情報が必要と思われた。また、有効性の評価に関しては、「QU だけでは不十分である」11 人（33%）で、評価方法も多様化する必要がありそうである。

まとめ

実施の有効性は実施した担任にも、周りで見ている教員にも、高い結果が得られた。限界としては、他職種との連携が必要だが実施が困難であったとされている。また、更なる情報がないと、生徒理解につながらないとされた。これは、当然かもしれないが、私としては狙い通りで、その後の自尊感情アンケートの実施と、健康症状チェックアンケートの追加につなぐことができた。

これらのアンケート結果からは、今回の「学校におけるメンタルヘルスのかさ上げ活動」は、単に意識の高い学校で取り組めばよいといった活動ではなく、すべての学校で必要とされる活動であると言えそうである。

いくつかの課題がある。生徒のメンタルヘルスに関して、このような取り組みをしたいと学校から相談を受けた場合、この対応を進めるには、メンタルヘルスの視点から児童・生徒を見る、クラス・学校をみるという能力が必要である。この能力には、一般精神医学と児童精神医学の能力に加え、グループダイナミクスの理解や、学校現場を知る必要がある。一般精神医学と児童精神医学に関しては、診断基準に合致する疾患理解よりも、診断閾値以下の精神状態、つまりメンタルなヘルス段階としての精神病理の程度を診る視点がいる。かつ、この視点は重要といえる。

この活動を現実のものとするには、スクールカウンセラーには児童精神医学を、一般精神科医には学校現場や子どもの様子を知ってもらうことで、対処できそうである。子どもたちが学校生活を楽しく過ごすためには、こつこつとやり続けるしかない。

注：この項は 2010．長尾圭造、加藤正彦「学校におけるメンタルヘルスのかさ上げ活動に対する教員の意識調査。第 41 回学校保健大会・報告集」pp.194-199 を加筆修正した。

2. 学校メンタルヘルス活動が教員の精神障害理解に及ぼす影響

ここでは三重県医師会の「学校メンタルヘルス活動」が教員の精神障害理解に対してどのような影響を及ぼすかを、精神障害に対する意識調査を通して検討したところ、望ましい影響が見られた。

対象と方法

この目的のために精神障害に対する意識調査には Mental Illness and Disorder Understanding Scale（MIDUS）の 16 項目を用いた（表9-1）。

対象は三重県内のこの医師会事業に参加している学校と参加していない学校に協力を依頼して同意を得た教員に実施した。その結果、参加校の 44 人の教員（参加群）と、非参加校の 115 人の教員（非参加群）から回答を得た。

結　果

結果は教員の経験年数においては両群に有意差が見られた（参加群で高い）が、教員の年齢、性別においては有意差がなかった。

精神障害に対する意識調査 MIDUS であるが、個々の項目で有意差があったのは「治療の遅れは病気の経過を悪くする（項目 13）」のみであったが、全体としては両群で有意差が見られた（表9-2）。このことは学校メンタルヘルス活動は、個々の児童・生徒に対する内面理解を高めるのみならず、精神障害一般に対するスティグマ感の払拭にも役立っていることを示す。

精神障害に対するスティグマ指標とみなせる MIDUS を一般成人 914 人に対して実施した結果は平均 19.5 点（1SD=7.9）である。今回の結果と比較すれば、非参加群では 15.7（1SD=7.6）とやや低く、参加群では 12.6（1SD=5.0）と有意に低かった。特に項目 13 の治療態度については一般成人では高い（2.1 点）が、今回の参加群の平均は 0.4 で明らかに低い。学校教員を対象としているので一般成人と比べると良好な結果であることがうなずけるが、特に参加者で有意に低いことは、精神障害に対するスティグマが我々の学校メンタルヘルスの取り組みにより軽減することを示していた。子どもに対する活動が、教員の精神障害理解にも良好な波及効果を示した。

第9章　この活動の教員に対する影響　**115**

表 9-1　MIDUS 質問項目

　精神科の病気や障害に関してさまざまな見方やイメージがあります。次の各項目について、あなたの考えに近いもの 1 つに○をつけて下さい（選択肢：そう思う、ややそう思う、どちらとも言えない、あまりそう思わない、そう思わない）。

　1．精神科の病気（うつ病、統合失調症など）は、とてもありふれた病気である。

　2．精神科の薬は、脳の働きを回復する。

　3．精神障がい者は、適切な支援があれば、地域で生活することができる。

　4．精神科の病気は、他の（内科や外科など）の病気と同じ医学的な病気である。

　5．精神科の病気は、早期に適切な治療を受けることが大切である。

　6．精神科の病気には、まず薬による治療が必要である。

　7．リハビリテーションは、精神障がいの改善に有効である。

　8．精神科の病気は、脳の病気である。

　9．精神科の薬は、病気の症状の改善に有効である。

　10．生活環境（家族や地域など）は、病気からの回復に影響を与える。

　11．精神科の病気は、誰もがなる可能性のある病気である。

　12．精神科の病気は、治療が可能である。

　13．治療の遅れは、精神科の病気の経過を悪くする。

　14．精神科の薬を飲み続けていても中毒や依存症にはならない。

　15．精神科の病気や障がいへの誤解は、精神障がい者の社会参加を困難にする。

　16．もし自分が精神的な不調感（不眠、食欲低下、気分の落ち込みなど）を感じたら、精神科を受診するだろう。

統計処理は、1. から 15. までの項目を用いている（項目 16 は含まれていない）。

表 9-2　MIDUS の参加群 40 人と非参加群 108 人の合計得点の分布（回答不備の 11 名を除く）

	0-4 点	5-9 点	10-14 点	15-19 点	20-24 点	25-29 点	30-34 点	35-40 点	平均	1SD
参加群	2	6	19	11	1	0	1	0	12.58	4.97
非参加群	7	12	25	32	22	8	2	0	15.68	7.63
	a：0 点	b：1 点	c：2 点	d：3 点	e：4 点	（15 項目の最低 0 点、最高 60 点となる）P＜.01			市民 914 人 平均 19.5 SD 7.9	

a：そう思う　b：ややそう思う　c：どちらともいえない　d：あまりそう思わない　e：そう思わない

表 9-3 MIDUS の各項目の比較 （項目は付録 4 を参照）

質問番号	参加群					非参加群					p
	a：	b：	c：	d：	e：	a：	b：	c：	d：	e：	
1	19	16	4	1	0	45	41	15	6	1	
2	2	15	15	6	2	7	36	40	19	6	
3	19	19	2	0	0	55	42	11	0	0	
4	19	10	10	1	0	35	31	29	13	0	
5	34	5	1	0	0	81	24	3	0	0	
6	1	16	20	2	1	9	23	52	18	6	
7	12	22	5	1	0	30	51	25	2	0	
8	10	11	15	3	1	16	23	50	15	4	
9	12	19	8	1	0	28	41	25	11	3	
10	30	10	0	0	0	65	40	3	0	0	
11	31	8	1	0	0	72	29	6	1	0	
12	20	18	2	0	0	44	47	16	1	0	
13	26	12	2	0	0	47	40	19	2	0	<0.01
14	4	6	21	4	5	2	17	55	20	14	
15	31	7	2	0	0	65	36	7	0	0	

（左端に縦書き：表 9-1 の MIDUS 質問項目）

p = Mann − Whitney U test 項目 13 のみ有意差を示した。

注：この項は、長尾圭造、柿元真知：教育と医学・心理学との協働によるアンチスティグマ活動。
『精神医学』55，1057-1062（2013）．より抜粋・加筆した。

第IV部
学校メンタルヘルスの今日的課題と背景問題

　ここではわが国の児童・生徒が遭遇している今日的問題を振り返り、学校メンタルヘルス活動の必要性を述べる。そのうえで、このような取り組みが理解されにくい背景を考察した。

　この本の狙いが実践的なマニュアル作成にあるため、本来最初にあるべき問題提起が、最後になる構成をとる。

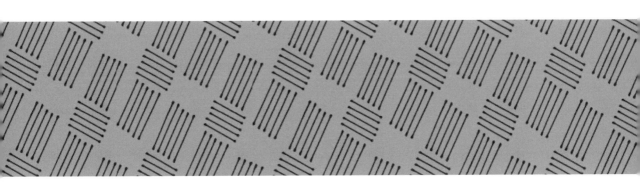

第10章

今、なぜ、学校メンタルヘルスが切迫した課題なのか

1. 日本の児童・生徒の現実

　わが国の現在の子どもたちの学校での現状は、文部科学省の発表によると、いじめ件数は平成26年度は小学校122,721件、中学校52,969件、高等学校11,404件、特別支援校963件で合計188,057件である。平成28年度はさらに小学校237,921件、中学校71,309件、高等学校12,874件、特別支援校1,704件で合計323,808件であった。いじめの背景には、いじめる側のメンタルヘルスの問題があり、それへの対応を子どもに任せておけるはずもなく、大人のサポートが必要である。

　年間30日以上学校を休む不登校の児童・生徒は平成28年度は小学校27,583人、中学校103,247人、高等学校79,425人、合計210,255人である。毎年、数字に大きな変動はない。

　校内暴力は平成23年度は小学校6,646件、中学校35,411件、高等学校8,312件である。

　自殺件数は平成27年度は小学生4人、中学生56人、高校生155人、合計215人である。毎年、数字に大きな変動はない。これらの子どもたちは、当事者のみならずいわゆる加害者も何らかのメンタルヘルス上の問題を抱えており、サポートが必要である。特に自殺は取り返しのできない事案だけに、予防対策を含めたサポートが必要である。

　通常学校で特別支援教育を受ける小学校・中学校の児童・生徒は知的教育100,215人、肢体不自由児4,372人、病弱・身体虚弱3.030人、弱視510人、難聴1,518人、言語障害1,691人、自閉症・情緒障害90,157人で、合計201,493人である。そのためのクラスは54,586クラスある。これらの教育を受けている児童・生徒は学習面のみならず生活面・対人面でストレスを受けやすく、その結果二次障害といわれる情緒障害をきたしやすく、いずれも一人一人に教育的に特別な配慮に加えメンタルヘルス上のサポートも同様に必要である。

　我が国のこのような現状の数字は、高止まりか、むしろ増える傾向にある。子ども自身が自分で解決できるような問題ではなく、周囲の大人が学校での児童・生徒の内面を見据えた理解と配慮が必要である。これが、今回の取り組みの時代背景である。

120

2. 学校現場での生徒の現実

(1) はじめに

これまで述べたのと同じ方法により、ある中学校の1学年全員を年度始め（5月）にQUテスト（クラスにおける満足度や生活意欲の評価）、Coopersmithの自尊感情検査（Coopersmith Self-Esteem Inventory：以下SEテストと略）を行い、学年全体の教員、担任、養護教員と「気になる生徒」についての情報をお互いに収集し、事例検討会を行った。年度後半（10月）にも同じテストを行い、対応の成果としての生徒の変化も踏まえ再検討を行った。

これにより、1. 教員にとって気になる生徒とはどのような特徴があるのか、2. 彼ら彼女らの問題点はどこにあるのか、3. どのような介入方法が望ましいと思われるか、を検討した。

(2) 対象と方法

事例の問題点の整理：三重県下のある中学校1年生全生徒150名（全5クラス）の気になる生徒の問題点を、①学校での不適応行動、②学業不振、③家庭問題、④個人病理、⑤個人性格特性の五つに分類し、「問題あり」、「やや問題あり」、「問題なし」の3段階で評価した。問題点の具体的内容は以下の通りである。

①学校での不適応行動：喧嘩や暴力行為、いたずら、他の生徒へのいじめ、クラスでの強い孤立感、登校不能、授業放棄、自己中心的な言動など。

②学業不振：知的障害ないしは原因のある学力低下があるもの。

③家庭問題：家族内の人間関係の希薄さ、子どもへのケアの低下ないし放棄、家族内の不調和な人間関係（具体的には義父母との関係、親の精神病など）。

④個人病理：QUテスト、SEテストの結果と担任の情報から得られた資料を基に個人病理の存在の有無を推量し、精神医学的な視点からICD-10（世界保健機関〔WHO〕が作成する疾病及び関連保健問題の国際統計分類 第10版）に準拠した障害範疇を考えたときどれに最も近いかを検討した。その結果、うつエピソードないしは抑うつ反応を伴う適応障害、注意欠如多動性障害（ADHD）、広汎性発達障害（PDD）、外傷後ストレス障害（PTSD）、素行障害、不安障害、解離障害、運動機能の特異的発達障害などが窺われた。これらは診断閾値下（診断基準に達してはいないが症状としては存在する）の状態も含まれている。

⑤個人性格特性：不安が強い、強迫的、自己愛的、など元々のパーソナリティーが関与していると思われるもの。持続的で長期にわたるこれまでの言動や、小学校からの情報、家庭訪問、クラスメイトの何気ない会話、クラブ仲間や顧問からの情報（たとえば過剰

適応、狭い友達関係、強い依存的な親子関係や友達関係、躁的防衛、融通の利かなさ等）を基に推測した。

(3) 結　果
1) 教員にとって気になる生徒とは

対象の150人のうち1学期では50人が「気になる生徒」として検討され、それぞれの問題点は以下のようであった（重複回答あり）。

50人の「問題あり」に該当した問題点の内訳は、①不適応行動11人、②学業不振14人、③家庭問題10人、④個人病理24人、⑤性格特性11人であり、「やや問題あり」の内訳は①不適応行動16人、②学業1人、③家庭問題8人、④個人病理2人、⑤性格特性10人であった（表10-1）。

5項目のなかで4項目の「問題あり」・「やや問題あり」を満たす多問題群は5人（10%。うち4項目すべて「問題あり」が3名）、3項目は8人（16%）、2項目は25人（50%）、1項目は12人（24%）であった（表2）。平均すると1人あたり2項目が「問題あり」・「やや問題あり」となった。

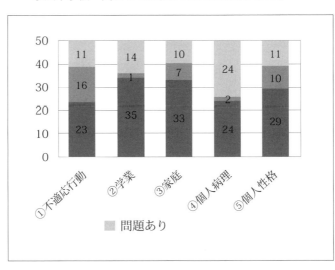

表10-1「気になる生徒」が抱える問題（1回目の事例検討会）
崇広中学校　気になる生徒がかかえる問題（50人）

1回目

	不適応行動	学業	家庭	個人病理	個人性格
問題あり	11	14	10	24	11
やや問題あり	16	1	7	2	10
問題なし	23	35	33	24	29

2回目

	不適応行動	学業	家庭	個人病理	個人性格
問題あり	17	9	5	18	5
やや問題あり	20	1	11	4	13
問題なし	13	40	34	28	32

表10-2　5項目中、「問題あり」・「やや問題あり」を満たす項目数

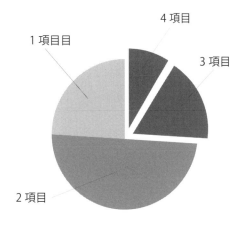

2）気になる生徒の問題点

次に、気になる生徒の各項目の「問題あり」事例の内容を検討した。①学校での不適応行動としては、けんか・いじめ7人、いじめられ2人、不登校3人、授業途中退室1人であった。また、②学業成績で「問題あり」とされた生徒14人については、a）学業以外の問題はない者は5人、b）知的な問題があるために不適応を生じている者（嘘や依存的友達関係など）が3人、c）いじめ・いじめられや授業中の落ち着きのなさなど行動的な問題を合併している者が6人であった。

③家庭問題としては、実両親との不仲3人、義父母との不仲2人、実両親との依存的関係1名、ネグレクトが疑われるもの2人、不明2人であった。その他きょうだい間葛藤や経済的問題等、複合的なものが3例あった。

第10章　今、なぜ、学校メンタルヘルスが切迫した課題なのか　123

④疑われる個別精神病理としては、うつエピソードないしは診断閾値下（症状はあるが診断基準には至らない程度の状態）の抑うつ7名、ADHD3人などで、全体の24人（16%）に見られた（表10-3）。

⑤教員の報告から、中学入学当初やそれ以前から同じような言動が継続して認められている場合を個人性格特性とした。結果は、親や友人との依存関係4人、過剰適応のために躁的防衛をしているもの2人、その他、自己愛的、進路に対する不安が強いものなどがあった。

表10-3　疑われる精神疾患 (診断閾値下のものも含む)

ICD-10で疑われる疾患	人数	%
うつ・診断閾値下の抑うつ	7	4.7
注意欠如多動性障害（ADHD）	3	1.3
広汎性発達障害（PDD）	2	2.0
PTSD	2	1.3
行為障害	2	1.3
不安障害	2	1.3
解離障害	1	0.7
運動機能の特異的発達障害	1	0.7
親の不適切な監督	1	0.7
不明	3	2.0

1学年150名中24名、%：1学年全体に占める割合

3）気になる生徒のメンタルヘルス状態の軌跡

このアンケートは年間2回したため、1回目で気になった生徒がその後どうなるか、気にならなかった生徒はその後も気にならないかといった点を検討した。1回目で気になる生徒数は50人であったが、2回目の事例検討の結果も「問題あり」は50人となった。このうち1回目に「問題あり」→2回目「問題なし」となった生徒22人、1回目「問題なし」→2回目「問題あり」とされた生徒22人、「問題あり」が持続した生徒28名となり、その内容を表10-4に示した。1回目2回目ともに問題なしとされた生徒は150人中71人であった。多くの子どもの側面が取り上げられ、問題点が検討されたと考える。

明らかな精神障害とは言えない閾値下精神障害状態の視点からは、問題として取り上げた不適応行動、学業不振、家庭問題、個人病理、性格特性のいずれもが個人の理解のために大事な視点である。多くの生徒がこのような視点から学校により関心を示されたことで生徒の内面理解が進んだのではないかと思われた。

4) 生徒のメンタルヘルス状態の変化

1回目と2回目の2つのテスト結果を「問題なし」群71人、「問題あり」→「問題なし」になった改善群22人、「問題なし」→「問題あり」になった悪化群22人、「問題あり」が持続する問題持続群28人の4群に分けて比較した。

その結果、「問題なし」群はQU検査、自尊感情検査とも、悪化群・問題持続群より指標が有意によかった。ただ、2回目ではQU承認、QU被侵害、SEテスト共に低下する傾向にあった。これはクラスに対する学期初めの「このクラスではいいことがあるかもしれない」という期待効果が薄れるためかもしれない。

改善群では1回目では「問題なし」群と比べQU承認、QU被侵害、SEテストのいずれも低いが、2回目では3テスト共に変化なく、低下していなかった。

悪化群では1回目では問題なし群と比べQUテストは差がなかったがSEテストがやや低く、2回目でQU承認とQU被侵害が悪化していた。

問題持続群では1回目ではQU承認、QU被侵害、SEテスト共に最も低く、かつ1回目と2回目の変化がみられなかった（表10-4）。

以上のことから指標の高さは、メンタルヘルス上の健康度の指針になると思われる。生徒をメンタルヘルスの視点から見る取り組みは、担任のリスク意識と相同しやすいようである。

表 10-4　生徒の指標の推移

N=	QU 検査　承認				QU 検査　被侵害				SE 検査			
	1回目	P1	2回目	P2	1回目	P1	2回目	P2	1回目	P1	2回目	P2
問題なし群　71	35.9		34.4	＊	17.1		18.7	＊＊	30		25.5	＊＊
改善群　22	31.4	＊	31.4		23	＊	24.9		21.9	＊	24	
悪化群　22	34.2		28.7	＊	18.6		25.4	＊	23.9	＊＊	20.3	
問題持続群　28	27.1	＊	29.3		27	＊	28.2		18	＊	19.2	

P1：問題なし群との比較　　＊ P<.005　＊＊ 0.05＜p＜.1
P2：1回目と2回目の比較
注：ここでのSE検査の集計は2検法によったため、得点が低くなっている。SE検査自体は同じCoopersmithの自尊感情検査を用いている。

(4) 考　察

1) 閾値下診断の意味について

教育現場で精神医学の視点を受け入れてもらうためには、臨床診断には至らない程度の臨床症状の意味の理解が重要である。

精神障害における閾値下診断の意味は、閾値下診断例であっても学校生活、家庭生活、友達関係などの対人関係、社会生活面で機能障害をきたしていること、および閾値下診断例は将来の診断基準を満たす可能性があることであり、この20年間関心が払われていることである。例えば頻度の高いうつ病エピソードの場合、閾値下診断には①気分変調症の精神症状にあるが持続期間の点で数カ月続くことの確認が困難な場合、②うつ症状は軽いものも見られ不安もあるが強くはない。混合性不安抑うつ障害と思われるが自律神経症状（振顫、動悸、口渇、胃の激しい動きなど）が明確でない場合、③学校生活において「嫌な事を言われた、消しゴムを取られた、カバンを持たされた」などといった嫌がらせエピソードはあるが、トラウマの条件であるほとんど誰にでも大きな苦悩を引き起こすようなストレスと言えるほどではない場合、診断基準からは心的外傷後ストレス障害とは言えないが嫌なことを繰り返し思い出す再想起、その友達に近づきたがらない回避症状があり、不安も認められるが状況により強くなる限定的なもので、うつ状態はあっても軽い場合などがある。また学校生活への適応面では登校不能や学業成績の低下、家庭内での適応面ではきょうだい間のいじめや頻回の喧嘩といった機能障害を示す場合がある。

　これまでの閾値下診断研究からは次のようなことが指摘されている。小児科臨床において7～11歳の子どもの健康維持クリニック連続受診者789例では、22％が二つ以下のDSM-Ⅳ（アメリカ精神医学会による、精神障害の診断と統計マニュアル　第4版）基準による精神障害を有しており、42％がDSM-Ⅳの診断基準は満たさないがプライマリケア診断基準（DSM-PC）を満たしていた。これを精神科受診例134例の中でみると、各々65％、34％であった。すなわち、小児科受診例と言えども5人に1人は診断基準を満たす精神障害であるし、小児科受診例のうち、ほとんどのDSM-PC診断例とDSM-Ⅳ診断例は崩壊性の行動障害と有意に関連していたことから、診断基準を満たさなくとも行動上の問題がある場合には早期の介入が必要である。

　うつ病リスクに関しては、うつ病の既往のある青年の185人の母親と既往のない55人の母親に対して、子どもの診断閾値以下の不安症状、外在化行動、物質使用といった一過性のうつ病関連併存障害の影響を12歳時とその後6年間毎年の追跡調査を行った。その結果、外在化症状があればその後診断基準を満たすうつ病になる割合が2倍高かった。母親がうつ病の既往がある場合はない場合より12倍うつ病になる割合が高く、11倍診断閾値以上と以下の外在化症状になる割合が高く、4倍診断閾値以上と以下の不安障害になる割合が高かった。このことから青年期の臨床上の症状は診断基準に達しなくとも将来のリスクを配慮した介入が男女別々に必要となるとされている。

　青年期の診断閾値以下のうつ病の予後を調べた研究では、診断閾値以上のうつ病と同じく予後が悪い。そのリスク要因はうつ症状の重症度、身体症状や身体的状態、自殺念慮、不安

障害、うつの遺伝負因の五つで、このうちの三つ以上があると 90％がうつ病に至るとされている。青年期うつ病の 382 人の 15 年間にわたる長期予後研究では調査開始時の状態をうつ病なし群（155 例）、うつ病長期持続群（91 例）、うつ病エピソードのみ群（63 例）、気分変調症（40 例）、診断閾値以下の症状群（40 例）に分けると、予後はうつ病長期持続群と気分変調症が最も悪く、うつ病エピソードのみ群は中間で、うつ病なし群と診断閾値以下の症状群が最もよかった。そのため青年期のうつ病長期持続型は成人期での予後予測が悪いので、早期介入が重要であるとしている。

　家族クリニックに通院する低経済階層にある 7 ～ 17 歳の 273 人の両親に診断と治療歴を聞いたところ、うつ病 9％、診断閾値以下のうつ病 23％であった。最近の治療を受けている割合はそれぞれ 50％、31％であった。これらの両親は何らかのサポートを受けたいと思っており、子どもの問題が治療に障害となると認めている。

　以上より、閾値下診断例は臨床的には重要例であると言える。躁病においても閾値下診断の問題があり、そのリスクが研究されている。このため、診断閾値以下であっても臨床的配慮が必要となり、その他の障害においても同様なことが言える。

2）介入方法——生徒の問題点に関する担任や養護教諭の対応について

　生徒の問題点を精神医学的視点から捉えることができても、その対応には具体的方法論がいる。これまでの我々の経験では教員に対しての精神医学的な知識中心の講義などではそのテーマに関する知識は高まるが臨床的な対応には限界がある。しかし問題点がわかり、その解決に向けて担任が根気よく取り組めば、生徒の問題点やクラスが抱える問題点（例えば男子生徒間の仲間関係の崩壊、グループ間の長年の対立など）は半年程度で改善し、その後もその有効性を 2 年間にわたり維持することができた。その背景には担任が日常のクラス指導においてきめの細かい具体策（例えば「枠組み設定のある自己表現機会とコミュニケーションを作り出すこと」では決められた挨拶の実行、パターン会話の実行、理想的人間像のイメージの共有、相手の意見を聞く態度、自分を見つめようとのテーマでのディスカッションへと順次進めた）を行ったことがあり、このような具体的対応に関しては、教員の経験年数による違いがあることから対応方法自体を研修する機会が必要である。

　今回の研究の限界としては、担任の指導に関しては定式化されていないため、生徒の各群の変化が担任の指導による結果とは判断できないことがある。今後の課題としては生徒の問題ごとの対応策に関する教員同士、教員と精神科医との検討会を持ち、経験を積み重ねる必要がある。その意味では生徒理解と生徒の持つ問題点理解の段階から、具体的対応を検討すべき第 2 段階に進む過程であるともいえる。今後の経験の積み重ねが必要である。

　ところで、このような担任教員と精神科医との取り組みは、生徒に対する各種のアンケー

ト調査が前提であり、生徒は色々な問題を読み、答えることになる。このアンケートに答えるという行為自体が生徒自身にとって自己の内面を知る機会となり、メンタルヘルス活動になっていることがこれまでの経験で知られている。したがって取り組みの評価をどのように行うかは多角的な視点が必要と思われる。

(5) まとめ

診断基準を満たしていなくとも臨床的配慮は必要となる．診断閾値以下の精神状態に対しても配慮を行うことが、精神障害の理解を助け、精神障害に対するスティグマ防止につながる。これを学校で教員と連携して実行した。

注：この項は、長尾圭造「児童青年期の閾値下精神障害状態の意味、第107回日本精神神経学会学術総会。S41「教育における精神保健ネットワークの構築を目指して」『精神神経学会誌』SS591-SS598. 2012. を加筆修正した。

3. 気になる生徒への望ましい介入方法

先の「2. 学校現場での生徒の現実」で述べた気になる生徒への対応法として、(1) それぞれへの個別介入が必要な場合と、(2) クラス全体への介入を行うことでその生徒の問題の解決を目指す場合の2種類に分けて望ましい対応を考えた。

その結果、(1) 個別介入が望ましい場合は32名であった。このような個別介入においては、①担任、②養護教員、③スクールカウンセラーの3者が以下のような役割分担を持つことが望ましいと考える。

①担任：現学年内での、「今ここで」の情報提供（たとえば友達関係、学業問題など）。

②養護教諭：次年度も引き続き配慮や対応が必要な場合に学校として一貫した情報を把握しておく（例：家族問題があり長期化している場合など）。

③スクールカウンセラー：精神病理の問題が大きく、内面葛藤を抱えている場合への介入。

今回の検討会においては介入方法として望ましいと思われたのは①担任中心6名、②養護教員中心12名、③スクールカウンセラー中心14名であり、担任教員のみならず、養護教員やスクールカウンセラーなどの介入が必要な生徒が多かった。

(2) また、クラス全体への介入方法とは、クラスの中で健康度の高い生徒が適切な対応をすることで、クラス全体の雰囲気を変えたり気になる生徒の健康的な部分を引き出す、リジリエンス能力[※]の発揮を目指すものである。特に以下に例示する4名はクラス全体の協力

が必要不可欠と思われた。検討会の進め方を提示しながら、4例の具体例を述べる。

※レジリエンス：復元力・回復力・弾力などと訳され、困難な状況にもかかわらずしなやかに適応して生き延びる能力のこと

健康度の高い生徒の協力を基に対応すべき例

A組の検討会より

A組全体の雰囲気（担任より）：利己的で幼い生徒と、全体を見ている生徒の2つのグループに分かれている。特に幼いグループの「やんちゃ」な何人かが全体に影響を及ぼしており、授業やクラス活動で興味がないことに対してはすぐに諦め、他のことに興味を移してしまう。全体を見ているグループは、「しょうがない」と彼らを静観することが多く、「やんちゃ」な一群が逸脱してしまうことも多い。

例1（男子）：**自尊感情が低く、周りの生徒からの肯定感・認められ感を必要とする例**

担任より：成績は中の下で、自分に自信がない。気分の浮き沈みがあるわけではなく、ずっと同じ様子。本人自身は友達が少ないと思っていて、「友達がほしい、人間関係をうまくやっていきたい」という気持ちを強く訴える。周りからみると友人もそれなりに多く、誰とでも話せているように思われる。

討論結果：SEテストの結果が51点満点で19点とやや低い。特に行動力、実行力の低さがある。しかし教員に気持ちを話すことはできているため少しの変化で様子が変わってくる可能性が高い。この生徒の場合、他の友人に自分の良さなどを認められると自尊感情が上がるのではないかと考えられる。このクラスの他の生徒たちは自尊感情検査の結果自己満足度が高いので、その子たちに本人の長所（俊足であることなど）などをほめてもらうのがよい。例えば、クラス対抗競争の最初のランナーにするなど俊足の能力を発揮できるような場面設定を行い活躍を目立たせ、それを教員ではなく他の生徒から褒めてもらうように話を進め、班やクラスで認められることが効果的ではないかと思われる。（SE自尊感情得点についてはこの頃は満点を51点として評価していたのでpp.33-45の得点とは異なる。204点満点ではおよそ100点となる）

例2（男子）：**「空元気」でクラスに本音を出していない例**

担任より：友人と本音でしゃべっておらず学校ではむりやり高いテンションでしゃべっているように見える。

討論結果：SEテストの結果は19点とやや低く、楽天傾向がない。自己を守るための防衛機制として「空元気」でしゃべっているようである。自分で自分を見つめる、あるいはあ

りのままの自分を受け入れる練習が必要な段階と思われ、内省的な態度を高めることのできるクラスづくりが必要である。現在のクラスは「勢いのいいことが理想」となっている面があり、「空元気」を出さないとやっていけない状態になっている。自分が抱いている不安を表出できる、本音を出せるクラスにできるかどうかが課題となると思われる。そのためのプログラムとして、具体的には「理想の人間像」などをクラスで討論し、討論の過程で内面を見つめる意見が出たときに、その重要性を担任が強調し、生徒たちに気付かせる。そのうえで、自己の内面を話す取り組みを1〜2カ月継続する。またクラスで特に内省に優れた生徒を見つけておき、人権学習や社会見学の機会で話す機会を作り、モデルとするとよい。

　例1、例2は元々自尊感情が高いほうではなく、Ａ組のような勢いのある、落ち着きのないクラスの雰囲気に不適応を起こしている状態である。病理性は高くないため、クラス全体を受容的な雰囲気に変えていくことで効果が期待できる。
　このようなプログラムを行うためには、クラス内の精神的健康度の高い生徒と「気になる生徒」を組み合わせ、後者の健康的な部分をうまく引き出す試みも重要になってくる。以下にこのようなクラス（Ｂ組）の例を挙げる。

Ｂ組の検討会より

　Ｂ組全体の雰囲気（担任より）：「やろう」と言ったことはとりあえずやるが、あまりまとまりはない。クラス内でグループ化しており、その輪のなかに入れない子も何人かいる。
　担任が若い男性のため「近所のお兄ちゃん」のような親しみのある存在としてしか捉えておらず、担任に文句を言ってくることも多い。

　例3（女子）：知的問題のあるいじめられ被害生徒
　担任より：学力は低い。小学校のときにいじめを受け、「風呂に入っていないだろ」などと男子から言われることがあった。現在のクラスでも机を蹴られたりするいじめらしきことがあった。他の女子生徒は担任に近寄らないがこの生徒だけは近寄ってきていろいろ話しかけてくる。クラス内に友人はおらず、休み時間には他のクラスに行っている。祖母・父と同居。母はいない。
　討論結果：SEテストは19点とやや低い。中でも行動力・実行力が乏しく、家族関係が希薄であることを示していた。担任に寄ってくるのは不安とさみしさの表出ではないだろうか。友人関係が高いのは他のクラスの友人がいるからであろう。後悔得点が高くいじめトラウマなどもありそうな結果である。QUテストでも承認得点が低く、被侵害得点が高い要支援群にあり、いつ不登校になってもおかしくない状態。個人介入をすることは、介入者－生

徒間関係だけが良好となるのみで、他の生徒との関係は改善しない。この子が毎日楽しく学校に来られるクラスになる全体の雰囲気が改善のバロメーターになると思われる。

例4（男子）：他の生徒との違いが目立ち、いじめられている例

担任より：幼少期より気分の浮き沈みが激しい。小学校の際にもいじめがあった。全体に動作が遅い。体型はぽっちゃりしていてのっそりと動く。他の生徒との違いが目立ち、からかわれることが多い。学力はやや低い。

討論結果：SEテストの結果は12点ときわめて低い。プロファイル上は抑うつ傾向もあり、楽しんで学校に来ていない。QUテストの結果は例3の生徒と同じく要支援群に入っている。

　例3、例4のような生徒は、過去のいじめによるトラウマにより、クラスの中での人間関係の構築がうまくできていない。他の生徒たちは成長に伴って社会的な価値観が芽生えてきており、クラス全体が価値観にそぐわない生徒を、大人のような目で排斥する雰囲気があると思われる。このような生徒たちを他人として冷たい目で評価するのではなく、友人、クラスの一員としてお互いに認め合うような仲間意識を育てる必要がある。そのためには、各々に個人的に対応するより、クラスの生徒全体がお互いの違いを受け入れられるような人間観を形成する取り組みが必要である。

　例3と例4は、同じような問題を持っているため、クラス全体でお互いの「いいところ探し」のプログラムを行うのがよいように思われる。しかし、現在のこのクラスでいきなりこれを実行しても、よいところが見つけられずに、かえってこの生徒たちが浮いてしまう恐れがあるため、精神的健康度の高い他の生徒の助けを借りて実行するのがよさそうである。具体的には小さな班を作り、その班員の中にこの生徒のことをよく知っている子や、この生徒をよく理解している子を組み入れる。その班の中でいいところ探しを行い、その結果をクラス全員の前で発表してもらうようにする。これによりクラスメイトがこの生徒たちに抱くイメージが変わることが期待できる。

考　察

(1) 生徒の有する個別精神病理について

　先に示したように、今回の検討会において何らかの精神医学的病理の存在が疑われる生徒は全生徒のうち16%であった。青年期に精神医学的問題を呈する割合についての研究は、例えばフランスのGasquetらの研究がある。12〜20歳の学生を対象に自己記入式アンケートを行い、回答者8,435人のうち、自殺念慮を伴ううつ、摂食障害、薬物依存、暴力、窃盗

などの行動上の問題等の精神医学的問題が疑われたものは10.3%という結果であった。我々の結果はこれよりも高いものとなったが、これは軽症の診断閾値下診断例も含まれていることや発達障害等のより幅の広い精神病理をも対象としたためと思われる。

　特に、うつもしくは診断閾値下のうつ傾向を示すものが4.7%と最も多かった。うつの有病率について、今までなされた報告を総体的にみると、Harringtonによれば過去6カ月の青年期の診断基準を満たすうつ病の有病率は2.0〜8.0%であり、診断閾値下のうつはほぼ同程度みられることが推測される。ただし、診断閾値下のうつであっても、診断基準を満たすうつ病と同じく予後が悪く特に①うつ症状が重篤、②身体症状や身体的問題の合併、③自殺念慮、④不安障害、⑤うつの遺伝負因という五つのリスク要因のうち、三つ以上を満たす場合には90%がうつ病に至るという。今後は、診断閾値下のうつが疑われる生徒たちが症状の増悪を起こしうること、寛解したとしても再発を繰り返す可能性があることを念頭に置きながら、生徒に接していく必要があるであろう。

　なお、我々の個別精神病理の判断は、直接生徒とは接しておらず、資料と担任の情報に基づいて行っているため、分析に限界があることは注意すべきであろう。

(2) メンタルヘルスサービスの介入法

　精神医学的問題を抱える生徒を、いかにメンタルヘルスのサービスにつなげるかが課題である。だが、生徒の性別、社会的状況、抱える問題などにより、サービスの利用しやすさは大きく異なっる。

　先のGasquetによれば、精神医学的問題を持つ生徒のうち、過去1年に学校医やスクールナースを含む専門機関を受診したのは13.7%に過ぎないとされる。またサービスをうまく利用できるのは男子よりも女子に多く、また、仲間間での信頼関係を築けている場合にはサービスにつながりにくい。

　疾患別のサービス利用率の違いについての研究には、様々な結果がある。全体的な傾向としては、症状が外在化する疾患（ADHDや素行障害など）はメンタルヘルスサービスへつながりやすく、内在化する疾患（うつや不安など）はサービスにつながりにくい。9〜17歳の子供を対象としたアメリカの研究では、外在化する疾患として破壊的行動障害（disruptive disorder）、内在化する疾患としてうつ病を取りあげ、それぞれの疾患を持つ子どもたちのメンタルヘルスサービスの利用率を比較したところ、対象となった1,285人のうち、破壊的行動障害は96人、うつ病44人、両疾患の併存36人であり、このうち外部のメンタルヘルスサービスへつながっているのは破壊的行動障害56.3%、うつ病38.5%、併存55.6%であり、破壊的行動障害の子どもはうつ病の子どもより外部のメンタルヘルスサービスの利用率が高かった。一方、学校内のメンタルヘルスサービス利用率は破壊的行動障害50.0%、うつ病

50.0％、併存 61.1％であり、疾患の種類によらず、学校内のサービスへはつながりやすい傾向にあった。さらに、学校内サービスの利用率は、その生徒が置かれている社会的環境や両親の影響を受けにくく、年齢や人種、母親のサービス利用率などにも影響されにくかった。

このように、外部のメンタルヘルスサービスへのつながりやすさは、生徒により異なっており、今回の結果でも、外部の専門医受診歴がある生徒は１名のみで、現在は治療を中断している状態であった。生徒が利用しやすい教育現場でのメンタルヘルスサービス、具体的には養護教員や SC が、「気になる子」、特にサービスにつながりにくい生徒を積極的に拾い上げ、継続的にフォローするシステムの確立が重要である。

(3) 事例検討会の意義

このような事例検討会の意義は、生徒の問題点を多角的な面から捉え、学校内サービスへつなげることができるのはもちろんであるが、その他にも、学校と専門機関関係者が検討会を通して、顔の見える関係になることが大きな利点の一つだと我々は考えている。これにより、学校内のサービスから専門機関への移行もよりスムーズに行うことが可能になる。

また、この検討会により、各生徒の問題を個人で解決するものとして取り上げるだけではなく、クラス内のグループダイナミクスをも考慮できる点も特徴である。その際には集団の中での健康度の高い生徒の助けを借り、問題のある生徒がレジリエンス能力を発揮できるような試みが重要となる。

ただし、検討会の結果を踏まえ、それにより個々がどのように変化するのかを考えクラスという集団全体をどのように導くかを実行するのは、あくまでも担任である。これは我々が過度に立ち入り、学校を医療化しないための線引きでもある。しかしこの取り組みを継続的に行うことで、教員自身がメンタルヘルス的視点を自然に獲得し、そのクラスに応じた適切なプログラムを考えられるスキルを身につけることが可能となるのである。

今後もこの取り組みを継続し、生徒たちに具体的にどのような変化が起こったかについても、解析していきたいと思う。

注：この項は、柿元真知、長尾圭造、加藤正彦「教員が気になる生徒のメンタルヘルス対応　第42回全国学校保健学校医大会第３分科会「からだ・こころ（3）」」pp.4-9、2011 を加筆修正した。

第11章

背景問題の考察──なぜ学校メンタルヘルス活動が馴染みにくいか

はじめに

「学校メンタルヘルスとは何か」と聞かれると、判っているようで答えにくい。その理由を考える。さらに児童・生徒に対して、実施に踏み切ることに抵抗もある。その克服法も考え得るので報告したい。

1．学校メンタルヘルスの理解困難要因について

（1）歴史：これまでの明治以来のわが国の公教育の歴史の中で直接、メンタルヘルスに取り組まれた経験がない。詳細に振り返るまでもないが、そのために、誰も教えたことも学んだこともない未経験の世界であるので経験者がいない。だから学ぶことも教えることもできない。このためになぜ必要か、どれくらい役に立つものかといった基本的なことがイメージできない。（身体的には、目、耳、心臓、その他があるが）

（2）健常メンタルヘルスの概念・定義：概念や定義がないか、あっても曖昧な面がある。教科書的には、学校メンタルヘルスにおける健康概念の3段階がよく知られている（Hill, 2002）。第1の段階は、子どもたちが**抱えている問題を解決**することである。この段階は問題が起きてから対応するので、受身的で対処反応的な姿勢である。子どもたちが健康であるかどうかの判断・程度は、症状や診断の一覧表を用いて示すことができる。たとえば、不眠・頭痛・腹痛・痩せといった身体化症状の頻度や、いじめ・うつ・トラウマ・リストカットなどの問題行動、学校現場ではクラス内で立ち歩きをする子の数や頻度・喧嘩の数や程度・出席率（不登校児の数）・特別支援を必要とする子どもの数・養護施設からの通学児数などが直接の問題となる。地域では、ひとり親の家族の数・生活保護世帯数・若い両親・警察事例・非定住者の数やその子どもの数などが指標として用いられている。

134

発想としては、今を何とかうまくしのぐ短期目標が直接の目標となる。面倒な問題、配慮のいる児がいなければ、いいクラス・集団という発想である。

　この考えは、

①子どもが問題を外在化させていなければよい。

②クラス・集団学習に特段の出来事や問題がなければよい。

③問題の内在化は個人の問題であり、目立たないので不問にするということである。

　症状・問題がないなら健康ではないか（diseaseless）という考えである。自動車に例えると、故障しないで走っていればよい車である。しかしいつトラブルが起きるかに関しては問わない自動車観である。

　この発想の欠点としては、

①子どもの持つ潜在的問題に関しては役に立たない。

②子どもがどの程度のストレス耐性にあるのかは判らない。

③子どもの不安な気持ちや内面の考えは判らない。

　極端な例としては、外でいじめていても、家で両親と喧嘩していても、学校でしなければ判らない、それでよいではないかという考えである。

　次の第2の段階はメンタルヘルスの推進を考える概念である。人格の成長・発達としてのメンタルヘルスで、これには個人が**身**につけておくべき**必要な能力・知識・技術を獲得する**という考えである。

　この段階は①知識に関しては、身体的健康教育では身体機能・生理・疾患・健康に関する知識が、健康被害教育ではタバコ・酒・肥満などや、癌予防・HIV・性教育等がよく知られている。一方、メンタルヘルスに関する知識の獲得といった点では遅れがある。例えば、いじめのトラウマ教育、いじめの学校における組織的取り組み・防止方法・対処方法などを教育しているところは少ない。いじめによる自殺は1999〜2005年で、ゼロとされていたが14人と訂正され（文部科学省 H.19.2.）、意識の遅れ・現実との認識の差は明らかで現実に対する立ち遅れが問題となっている。意識の高い一部の学校で、最近うつ状態に対してクラスでの取り組みで予防的役割が期待できるとマスコミレベルでも報告されている（朝日新聞H19.8.14.）。精神障害の2〜3の病名や特徴くらいは教えてもいいのではないだろうか。

　②対人関係における精神的健康度を高めるための目標や集中できる課題・テーマも必要である。例えば、ストレスに遭遇したときの受け止め方・対処法などを獲得させること、対人関係では友達の作り方・友達に自分の思いをうまく伝える練習、友達といざこざを起こしたときの解決法や、社会生活・社会活動に対する関心ではいじめられている・一人ぼっちになりやすい子・困っている子に対する誘いかけといった行動を促す活動や、家でのお手伝いなどが課題となる。

③社会資源（情報源）の利用（図書館・電話相談・TV・インターネットなど）教育がある。自動車運転をする際は自動車学校へ行き、トラブルに対処できる能力や知識や技術を獲得し、今後事故のないようにしている。人生を運転することにおいても同様に、社会的出来事の意味や役割やトラブル対処法を獲得させておく方がよいではないか。どんなときに、何を利用するとよいかの方法を身につけることである。

第3の段階は、**将来なるかもしれない精神障害リスク・可能性への配慮と予防**である。現在のところ、これに関する知見も増えつつある。例えば、個人条件による精神障害リスクの予測の高さ（オッヅ比）や、危険に陥りやすい環境・条件などは知られている。たとえ遺伝的なリスクが高くともその遺伝子の発現を抑制すれば遺伝リスクはないも同然である。エピジェネティクス（リスクの高い遺伝子を持っていても、その発現を環境操作などにより抑えることができると、その遺伝子は機能しないので、予防になる）の考えで予防方法も増えてきている。また逆に自己の潜在能力が判ると、学習能力・知的能力・運動能力・社会性能力・特異能力などの開発の可能性を知ることができる。

すでに他の分野では開発が進み、例えば、ナビゲーション付き、障害物センサー付き、SAB付き事故を起こさない車、すなわち事故予防・未来予測を含めた車が開発されている。人生を、トラブル予防を含め計画的にすすめる予防知識（prevention）とその活用である。

各学校が生徒たちに獲得させたいと思う目指すメンタルヘルスの側面をよく考えると、いっそう、意味が明確で、やりがいのある仕事と思えるのではないだろうか。

(3) 健常メンタルヘルスの基準（norm）・尺度が知られていない。その方法論もない。物差しとなる基準がないと、判断はできない。これを早急に知る必要がある。ただ、大まかなところは国や地域により変わらないかもしれないが、細かくは地方特性もある。その場所、そのときの基準を求める作業が必要となる。そのためには、労を惜しますに取り組むべきである。

(4) ハイリスク・メンタルヘルスの概念が曖昧である。精神病理（精神障害）の診断基準の曖昧さ、診断閾値以下の臨床的意味の知見の乏しさ、健康基準の程度と範囲がはっきりしていないことがあげられる。

(5) 精神病理理解（異常心理学）の理解のむずかしさがある。多くの人は精神障害を体験したことがない、見聞きすることも少ない。例え体験したとしても、その体験を表現する言葉がなく、正常心理の延長で類推した言葉・用語を用いるために、正しい表現ではないといった理由で、到底理解に及ばない。

（6）体験したことのないことを、そもそも本当に理解できるのか。専門家さえ精神病理学的記述をもって類推しているに過ぎない。この内容を記述しているに過ぎない。判ろうとはしているが、判っているわけではない。

とはいえ、いろいろな困難や限界がある各学校が生徒たちに獲得させたいと願う「目指すメンタルヘルス」の側面をよく考えると、いっそう、意味が明確となり、学校メンタルヘルスはやりがいのある仕事と思えるのではないだろうか。

２．実際の取り組みのメリットとリミテーション

学年担当教員や学校の管理者、特に担任にとっては、

1）クラス全体の特徴や雰囲気が数値で判る。また生徒の学校生活、学習意欲や友達関係や教員との関係も数値で判る。これにより、今後のクラスの運営目標や活動指針が立てやすくなる。

2）生徒の今の自分自身に対する内面の様子が自尊感情（自己満足度、自己に対する適切感、達成感、家族・友人関係、自己肯定感など）と健康症状チェックにより判る。

3）すなわち、生徒個々人の今の困り感や、葛藤による症状とその程度が判る。

4）これは生徒の問題点の早期発見になる。特にいじめや希死念慮や家族関係、友達関係の悩みなどにも気づける。同時に、日常の行動を加味すれば、それらの問題点が、他の生徒との関係、家族関係との相互影響の様子も判る。

5）生徒同士の比較も、数値で示されるので、容易である。

6）これまでの勘と経験による判断から、子どもの実際の「声」を聴いた客観的な資料を基にした判断ができる。

7）以上6点から教員、特に担任にとっては生徒の言動について、生徒の内面からの理解ができる。特に、リスクの高い生徒や、健康度の高い生徒が個別に判る。同時に、問題の予防対応ができるし、早期発見にもなる。

8）またアンケート結果は数値で示されるので、他の教員とのコミュニケーションも数値を用いて取りやすくなる。

9）アンケート結果の内容によっては、生徒への話しかけの機会となる。特に自殺、自傷、家庭問題など、日頃話題にしにくいことも生徒が記しているので、とっかかりの機会となる。また、問題の予防にもなる。

10）経時的に実施することにより、生徒の内面の変化や推移・軌跡が判る。

生徒にとっては、

1）質問項目を読み、チェックすることにより、自己の内面の振り返りの機会となり、自身の今の精神状態を知ることになる。（実際生徒は「自分のことがよくわかった」としばしば書いている）

2）家族や友達には言ってないことも、担任にだけは、自分の内面や葛藤を伝えることができる。特に伝えにくい家族関係や自殺・自傷に関することも伝え易い形で伝えることができる。

3）現在の困りごとの理由が自分自身ではなく、他者にある場合も、そのことを記入する欄があるので、言いにくいことを伝えやすい。

4）その内容に関しては、担任からの声掛けの機会となり、相互理解とコミュニケーションの機会となる。

5）担任との信頼関係が形成しやすい。特に経時的に実施しているので「わかってもらえている感」が持てる。このアンケートを機会に、話しかけられた経験があるとなおさらである。

実施上の負担や注意事項

1）アンケート項目が3種類の検査で146項目ある。このために授業時間を1時間割かなければならない。（実際に得られた情報は、面接で得ようとするとその数倍の時間がかかるし、アンケートでは答えやすいが、面接では答えてくれるとは限らない項目もあるために時間的な経済効果は大きい）

2）フォーマット入力はできるだけ簡素にしてあるが、アンケート結果のフォーマットへの入力の手間が必要となる。（実際はこのときに生徒の実際の結果を個々人で見ることになるので、現実味のある生徒の思いが判るメリットもある）

3）注意事項としては、アンケート結果によるが、希死念慮や自傷行為にチェックをしていた場合、当人に話を聞きやすくなり、いいきっかけとなる利点はあるが、家族に対してどのように伝えるかが問題となる。その場合生徒には、担任しか見ないと言う約束でアンケートを実施しているので、直接に保護者には伝えられない。そこで、緊急事態と思われる時以外は、三者懇談時に、「学校としては、最近の様子を見ている範囲では、少し心配です。前の学校で、同じような様子のときに、本人が死にたいと言い、相談を受けたことがありました」とか、「面白くないので家出をしようとしたことがありました」と言い、「学校としても注意しておきますが、家でもご心配な面があれば学校にもご連絡ください」と伝えておくと、アンケート結果を言ったことにはならないし、家族に何も言わなかったことにもならないので、そのように取り組んでもらっている。

この活動の範囲

いくつかの限界もある。

1）精神障害の診断を知るためではないので、精神障害や発達障害が疑われる場合は、これで見つけることはできない。

2）アンケートの結果のみ単独で判断することは限界がある。日常の生徒の様子に加えてアンケートの結果があることにより、より内面状態の理解が進む。したがって、担任とアンケート結果を読みなれたメンタルヘルスの専門家がいてこそ、役に立つ資料となる。

3）難しいことをするわけではないが、新しい発想なので、担任はアンケート数値に慣れるまで、生徒の実態とアンケート結果の数字のイメージとが結びつかない。

4）同様に、子どもの専門家も、生徒の実態とアンケート結果の数字のイメージに慣れるまで、何回か経験を積む必要がある。

［第Ⅳ部　第11章の文献］

Hill P. (2002): Local specialist child and adolescent mental health services. (pp.1067-1076) In Rutter M. Taylor E. (Eds.) *Child and Adolescent psychiatry 4th*. Blackwell Science Ltd. Oxford.

［著者紹介］

長尾圭造（ながお・けいぞう）

1970年大阪市立大学医学部卒業。2010年長尾こころのクリニック院長。国立病院機構 榊原病院 名誉院長、日本児童青年精神科診療所 連絡協議会 会長、日本乳幼児医学・心理学会 理事、近畿児童青年精神保健懇話会 会長、三重県医師会 学校メンタルヘルス分科会 会長、法と小児医療研究会 代表、三重子どものこころネットワーク 代表 など。

主な著書に、『新版 児童青年精神医学』（監訳、明石書店、2015年）、「ラター児童青年精神医学 第6版」（監訳、明石書店、2018年）、『乳児健診で使える はじめてことばが出るまでのことばの発達検査マニュアル』（共著、明石書店、2009年）、『子どものうつ病 その診断・治療・予防』（明石書店、2016年）など。

エビデンスに基づく学校メンタルヘルスの実践
──自殺・学級崩壊・いじめ・不登校の防止と解消に向けて

2018年12月10日　初版第1刷発行

著　者	長　尾　圭　造	
編　者	三　重　県　医　師　会 学校メンタルヘルス分科会	
発行者	大　江　道　雅	
発行所	株式会社明　石　書　店	

〒101-0021 東京都千代田区外神田 6-9-5
電 話　03（5818）1171
FAX　03（5818）1174
振 替　00100-7-24505
http://www.akashi.co.jp

組　版　　有限会社秋耕社
装　丁　　明石書店デザイン室
印刷・製本　モリモト印刷株式会社

（定価はカバーに表示してあります）　　　　　　ISBN 978-4-7503-4768-4

JCOPY 〈（社）出版者著作権管理機構 委託出版物〉

本書の無断複写は著作権法上での例外を除き禁じられています。複写される場合は、そのつど事前に、（社）出版者著作権管理機構（電話 03-3513-6969、FAX 03-3513-6979、e-mail：info@jcopy.or.jp）の承諾を得てください。

子どものうつ病
その診断・治療・予防

長尾圭造 [著]

◎A5判／並製／312頁　◎3,000円

子どもの気分障害(うつ病と双極性障害)を、臨床的立場から、多くの症例をあげながら詳説。「うつの重症度 症状一覧表」や「気持ちのお天気表」など、筆者が作成し、活用している表の利用法を紹介。よくある両親からの質問を載せ、専門家だけでなく、学校教師や保護者にも有益な一冊。

【内容構成】

I　今、なぜ、子どものうつ病なのか
　1 最近の事情／2 最近の子どものうつ病に対する考え方／3 子どものうつ病の発症頻度

II　子どもの臨床から見た気分障害
　1 診断に至るまで／2 診断後の対応／3 臨床の特徴

III　治療
　1 怡り方、怡し方の基本戦略／2 治療時のガイダンス——悪いときの治療法、よいときの治療法、薬物の管理／3 精神療法／4 気分障害との付き合い方／5 一次障害と二次障害の捉え方／6 薬物療法——子どもの薬物療法の基本、基本的な進め方、薬物の選択、薬物の変更

IV　予防的取り組み
　1 はじめに／2 学校メンタルヘルス活動でできること／3 実際の担任とのやり取りの1例／4 これからの予防対策

V　まとめ
　1 子どものうつ病の臨床的特徴／2 今後の子どものうつ病の行方

　附録1　ICD-10　気分(感情)障害の下位分類
　附録2　わが国で使われている主な抗うつ薬の一覧

〈価格は本体価格です〉

乳児健診で使える はじめてことばが出るまでのことばの発達検査マニュアル
長尾圭造、上好あつ子著
◎2800円

ラター 児童青年精神医学【原書第6版】
アニタ・タパー、ダニエル・パインほか編
長尾圭造、氏家武、小野善郎、吉田敬子監訳
◎42000円

子ども家庭相談に役立つ児童青年精神医学の基礎知識
小野善郎著
◎2200円

福祉現場で役立つ子どもと親の精神科
金井剛著
◎2400円

乳幼児と親のメンタルヘルス
本間博彰著
乳幼児精神医学から子育て支援を考える
◎2400円

子どものメンタルヘルスがわかる本
スティーヴン・V・ファラオーネ著
田中康雄監修 豊田英子訳
わが子のことが気になりはじめた親のためのガイドブック
◎2800円

移住者と難民のメンタルヘルス
ディネッシュ・ブグラ、スシャム・グプタ編
野田文隆監訳 李創鎬、大塚公一郎、鵜川晃訳
移動する人の文化精神医学
◎5000円

子どもの育ちをひらく
牧真吉著
親と支援者ができる少しばかりのこと
◎1800円

エピソードで学ぶ 子どもの発達と保護者支援
発達障害・家族システム・障害受容から考える
玉井邦夫著
◎1600円

新版 学校現場で役立つ子ども虐待対応の手引き
子どもと親への対応から専門機関との連携まで
玉井邦夫著
◎2400円

いじめの罠にさようなら クラスで取り組むワークブック
安全な学校をつくるための子ども間暴力防止プログラム
キャロル・グレイ、ジュディ・ウィリアムズ著
田中康雄監修 小川真訳
◎1500円

いじめ、学級崩壊を激減させるポジティブ生徒指導（PBS）ガイドブック
期待行動を引き出すユニバーサルな支援
メリッサ・ストーモントほか著 市川千秋、宇田光監訳
◎2400円

子どもの社会的ひきこもりとシャイネスの発達心理学
ケネス・H・ルビン、ロバート・J・コプラン編
小野善郎訳
◎5800円

サイコパシー・ハンドブック
クリストファー・J・パトリック編 田中康雄監修
片山剛一、松井由佳、藪盛子、和田明希訳
◎20000円

教育現場で使えるスクールカウンセラーとスクールソーシャルワーカーのための支援計画
アーサー・E・ヨングスマ・ジュニアほか著 田中康雄監修
心理治療計画実践ガイド
東眞理子訳
◎6000円

世界の学校心理学事典
シェーン・R・ジマーソン、トーマス・D・オークランド、ピーター・T・ファレル編
石隈利紀、松本真理子、飯田順子監訳
◎18000円

〈価格は本体価格です〉

乳幼児 育ちが気になる子どもを支える
心の発達支援シリーズ1
永田雅子、松本真理子、野邑健二監修
永田雅子著
◎2000円

幼稚園・保育園児 集団生活で気になる子どもを支える
心の発達支援シリーズ2
野邑健二、永田雅子、松本真理子監修
野邑健二編著
◎2000円

小学生 学習が気になる子どもを支える
心の発達支援シリーズ3
野邑健二、永田雅子、松本真理子監修
福元理英編著
◎2000円

小学生・中学生 情緒と自己理解の育ちを支える
心の発達支援シリーズ4
松本真理子、永田雅子、野邑健二監修
松本真理子、永田雅子編著
◎2000円

中学生・高校生 学習・行動が気になる生徒を支える
心の発達支援シリーズ5
松本真理子、永田雅子、野邑健二監修
酒井貴庸編著
◎2000円

大学生 大学生活の適応が気になる学生を支える
心の発達支援シリーズ6
松本真理子、永田雅子、野邑健二監修
安田道子、鈴木健一編著
◎2000円

医療・保健・福祉・心理専門職のためのアセスメント技術を高めるハンドブック[第2版]
ケースレポートの方法からケース検討会議の技術まで
近藤直司著
◎2000円

医療・保健・福祉・心理専門職のためのアセスメント技術を深めるハンドブック
精神力動的な視点を実践に活かすために
近藤直司著
◎2000円

ハンドブック 青年期における自傷行為 エビデンスに基づいた調査・研究・ケア
クローディーン・フォックス、キース・ホートン著
田中康雄監修
東眞理子訳
◎2400円

自殺危機にある人への初期介入の実際
自殺予防の「ゲートキーパー」のスキルと養成
福島喜代子著
◎2400円

自殺で遺された人たちへのサポートガイド サバイバーのための
苦しみを分かち合う癒やしの方法
アン・スモーリンジョン・ガイナン著
高橋祥友監修
柳沢圭子訳
◎2400円

子どものグリーフの理解とサポート
親が重篤な（慢性の）病気、または親を亡くした子ども
大田睦恵著
◎3800円

精神障がいのある親に育てられた子どもの語り
困難の理解とリカバリーへの支援
横山恵子、蔭山正子編著
◎2500円

だいじょうぶ 自分でできる心配の追いはらい方ワークブック
イラスト版 子どもの認知行動療法1
ドーン・ヒューブナー著 ボニー・マシューズ絵
上田勢子訳
◎1500円

だいじょうぶ 自分でできる怒りの消火法ワークブック
イラスト版 子どもの認知行動療法2
ドーン・ヒューブナー著 ボニー・マシューズ絵
上田勢子訳
◎1500円

だいじょうぶ 自分でできるこだわり頭『囚』のほぐし方ワークブック
イラスト版 子どもの認知行動療法3
ドーン・ヒューブナー著 ボニー・マシューズ絵
上田勢子訳
◎1500円

〈価格は本体価格です〉